데이비드 W. 존스는 그리스도인들을 위해 훌륭한 일을 해냈다. 이 책은 복음이 우리의 물질적인 삶 모든 영역에 어떻게 스며들어야 하는지 탐색하고, 우리 각자 소명의 현장에서 믿음을 살아내도록 도전한다. 이 책은 독자들을 향해 물질 세계 속에서 믿음을 살아내어 그리스도를 높이고 복음을 나누는 삶을 살도록 격려한다. 예수 그리스도의 제자라면 누구나 읽어야 할 책이다!

토마스 화이트 | 시더빌 대학교 신학 교수

주일을 평일과 어떻게 연결해야 할지 고민해 본 적이 있는가? 당신의 신앙이 직업과 무관한 것처럼 느껴지는가? 데이비드 W. 존스가 쓴 이 책은 그러한 문제를 해결하는 데 도움을 주는 훌륭한 책이다. 소명, 쉼, 부와 가난, 피조 세계에 대한 청지기직 등의 주제를 다루면서 그는 모든 일을 주의 영광을 위해 하도록 도와 줄 여러 도구를 제공한다. 당신의 소명이 무엇이건 간에 이 책은 훌륭한 자료가 될 것이다.

에반 레노우 | 사우스웨스턴 침례신학대학 윤리학 교수

Every Good Thing

by
David W. Jones

뜻이 땅에서 이룬 것같이

물질 세계를 누리며 공동 선을 추구하는 그리스도인

뜻이 땅에서 이룬 것같이

데이비드 W. 존스
전의우 옮김

좋은씨앗

목차

감사의 글 11

들어가는 글 12

1장 근본과 기초 17

2장 일과 소명 39

3장 쉼과 안식일 65

4장 부와 가난 96

5장 피조 세계와 청지기직 121

6장 결론 165

추천 도서 목록 177

사랑하는 아내,

던에게

"밤이 새기 전에 일어나서 …밤에 등불을 끄지 아니하며"

(잠 31:15, 18).

감사의 글

이 책이 나올 수 있게 도와준 많은 분에게 감사한다. 무엇보다 이 책을 쓰도록 시간을 허락해 준 사우스이스턴 침례 신학교에 감사한다. 재정을 후하게 지원해 이 프로젝트를 도와준 컨 패밀리 재단에도 감사한다. 또한 이 책을 읽기 좋게 잘 다듬어 준 던 존스, 빌리 구디너프, 데빈 매덕스를 비롯한 편집자와 교정자들에게 감사하지 않을 수 없다(물론, 독자들이 이 책에서 어떤 오류라도 찾아낸다면 그건 순전히 내 탓이다). 마지막으로, 숱한 질문과 대화를 통해 이 책의 내용이 형태를 갖추도록 알게 모르게 도움을 준 많은 학생에게도 감사한다.

들어가는 글

이 책은 얇지만 다루는 주제는 넓다. 이 책의 주제는 바로 물질 세계다. 물질 세계를 다루려면 어디서 시작해야 할까? 우선 내 개인적인 배경에서 시작하겠다.

열두 살 때 나는 사과 농장에서 일용직 노동자로 일하기 시작했다. 주중에는 학교에 다니고, 주말에는 하루 종일 사과 농장에서 일했다. 여러 일을 하면서 최저 임금을 받았다. 사과를 따고, 딸기를 수확하고, 호박을 팔고, 흙을 일구고, 잡초를 뽑고, 농산물 직판장을 관리하는 등 농장에서 온갖 허드렛일을 했다. 힘들지만 분명 좋은 일이었다.

지금은 농사일을 뒤로하고 학문의 길을 가고 있지만, 어린 시절 여러 해 농장에서 일할 수 있었던 건 내게 큰 행운이었다. 들판에서 일하면서 성경적 노동 윤리를 익혔고 인생 궤도를 결정하는 데 도움이 될 여러 질문을 던지기 시작했다.

예를 들면, 힘겨운 노동으로 하루를 보내고 맞이하는 뿌듯함을 일찍 경험했다. 사람도 땅도 정기적인 쉼이 필요하다는 사실을 금세 깨달았다. 바쁘고 복잡한 문명과는 떨어진 농장에서 나는 피조 세계와 끊임없이 접촉하며 새롭고 경이로운 진리를 깨달았다. 농장 일을 하면서 진짜 가난이 어떤 건지 보았다. 함께 일하는 사람들 중에 열악한 환경에서 공동생활을 하는 이주 노동자가 많았기 때문이다. 반대로, 일을 하면서 부에 관해서도 질문하기 시작했다. 열두 살 소년은 시간당 3.35달러를 벌면서도 부족하지 않다고 느꼈다. 지금으로 따지자면 시간당 1,000달러를 버는 것 같은 배부름을 느낀 것이다.

사실 이 문제에 비단 나만 관심을 가져야 하는 건 아닐 것이다. 세상을 터전 삼아 살고 일하는 사람이라면 누구나 마주하지 않을 수 없는 문제이기 때문이다. 그래서인지 성경 역시 이에 대해 침묵하지 않는다. 부와 가난, 일과 쉼, 피조 세계와 청지기 의식 같은 문제는 성경에서 뺄 수 없는 주제다. 어린 시절 하나님과 동행하기 시작하면서부터 나는 성경이 물질 영역과 관련된 여러 문제에 대해 뭐라고 말하는지 알고 싶었다.

비록 어떤 그리스도인들은 복음과 현실을 구분한 채 사는 듯 보이지만 나는 일찍부터 확신했다. 복음은 삶의 모든 영역과 연결된다는 것을. 참으로 기독교는 모든 것을 아우르는 세계관이자 인생관이다. 복음은 인간 실존의 모든 영역에 적용된다. 영적 영역뿐 아니라 물질적 영역과 정서적 영역에도 적용되는 것이다. 이 책은 이 주제와 관련된 여러 생각을 탐구한다.

이 책에서는 다음과 같이 논의해 보고자 한다. 1장에서는 물질 세계와 연결된 여러 근본 문제를 탐구하고 이 책에서 사용할 기본 용어와 개념을 정의할 것이다. 이와 함께 예수님이 성육신하시고 세상과 상호작용하실 때 보이신 본에 대해서도 살펴볼 것이다.

2장에서는 일과 소명에 초점을 맞출 것이다. 일에 관한 흔한 오해들, 하나님이 계획하신 일의 기초, 일의 왜곡, 복음이 가져온 일의 회복 등을 차례로 살펴봄으로써 성경적 일 신학을 세우려 한다. 일의 가치와 소명 개념도 살펴볼 것이다. 앞으로 보겠지만, 하나님은 사람들이 일하도록 계획하셨고 우리 모두에겐 성취해야 할 구체적인 소명이 있다.

3장에서는 쉼과 안식일에 초점을 맞춰 이전 논의를 보완하려 한다. 특히 제4계명, 곧 안식일과 관련된 도덕법에 비춰 이 주제를 살펴볼 것이다. 또한 성경에서 안식일은 재정과 관련된 여러 율법의 윤리적 기초이기에 청지기직과 경제에 관한 구약의 몇몇 시민법도 살펴보려 한다.

4장에서는 방향을 틀어 부와 가난과 구체적으로 직결된 문제들을 살펴보려 한다. 여기에는 (십일조에 관한 논의를 비롯해) 헌금, 가난의 원인, 빈민 사역을 위한 다양한 전략, 사회 정의 개념 등이 포함될 것이다. 또한 부와 가난에 대한 신학도 전개할 것이다.

마지막으로 5장에서 피조 세계와 청지기직을 살펴봄으로써 물질 세계에 관한 연구를 마무리할 것이다. 우리가 일하고 쉬며 부를 누리고 가난을 견디는 이 세계를 더 잘 이해하기 위해 보다 넓은 관점에서 살펴볼 것이다. 또한 피조 세계를 돌보는 삶에 대한 기본 원리를 연구하고, 죄가 현재 세계에 미친 영향을 평가하며, 새 하늘과 새 땅을 향한 소망도 간략하게 짚어보려 한다.

1. 근본과 기초

많은 사람이 인정할 테지만, 기독교가 월요일부터 토요일까지의 삶과 어떻게 연결되는지 이해하는 것은 쉽지 않다. 십계명을 지키거나 예수님을 닮으라는 설교를 삶에 적용해야 한다는 것을 머리로는 알고 있다. 그러나 기독교가 오로지 일요일만의 이야기(또는 영생을 위한 보험)라고 여기는 시각과, 믿음이 삶의 모든 영역과 연결된다고 여기는 시각 사이의 간극을 메우는 것은 우리 대다수에게 어려운 도전이다. 특히나 이 주제가 물질 세계에서 살아가는 삶과 관련될 때는 더욱 그렇다.

물질 세계란 무엇일까? 그리스도인늘은 물실 세계들

어떻게 생각해야 할까? 하나님은 우리가 물질 세계에서 어떻게 살길 바라실까? 우선 '물질 세계'를 정의해 보자. 그래야 공통의 이해에서 출발할 수 있기 때문이다. 아주 간단하게 정의하면, 물질 세계란 우리가 살아가는 세계다. 이는 '물질 영역' 또는 '피조 세계'라는 용어로 대신할 수 있다. 물질 세계는 우리를 둘러싼 물리적 환경뿐 아니라 우리가 신자로서 가정과 일터와 사회에서 어떻게 행동하는지도 아우른다.

이러한 이해를 바탕으로 기독교인들이 물질 세계를 어떻게 인식하는지 알아보자. 애석하게도 많은 그리스도인이 물질 영역은 악하다고 받아들인다. 어쨌든 그리스도인이라면 영적 영역에 집중해야 하지 않는가? 많은 사람이 정의하는 기독교는 사람들을 거듭나게 하고 성령 충만하게 하여 천국에서 하나님 앞에 영원히 설 날을 고대하게 만드는 종교다. 이런 사람들에게 물질 세계는 죄와 유혹과 탐욕과 흑암의 권세가 다스리는 영역일 뿐이다. 그들은 그리스도인이 물질 세계와 관련된 문제에 관심을 가져야 하는 이유가 무엇인지 의아할 것이다. 사실, 우리는 대부분 (예수님처럼) 가난한 사람을 돌보고 (각종 비용 충당을 위해) 교회에 헌금해야 한다는 막연한 생각을 갖고 있다. 적어도 게으르다는 인상을 주고 싶진 않은 것이다. 그러나 그리스도인으로서 물질 세계에서 사는 삶이 이게 전부는 아니지 않을까?

이 책의 목적은 분명하다. 우리 자신의 유익뿐 아니라 이웃의 유익을 위해 물질 세계에 반드시 관심을 가져야 한다는 것이다. 성경적으로 말하면, '지금 여기'는 '언젠가 저기'만큼 중요하다. 하나님은 피조 세계에 관심을 두시며 우리가 사는 방식에도 관심을 두신다. 성경은 부와 가난, 일과 쉼, 경제와 재정 같은 문제를 다루며, 우리는 이 주제에 관한 성경의 가르침을 살펴보려 한다. 이 책의 목적은 당신이 예수 그리스도의 제자로서 물질 세계에서 공동 선을 추구하며 어떻게 살아야 하는지 더 잘 이해하도록 돕는 것이다.

물질 세계

물질 세계에서 어떻게 살아야 하는지에 대해 기독교계에서 적극적으로 가르치지 않다 보니, 물질 세계에 관심을 가져야 할 이유가 무엇인지 의문이 느껴질 것이다. 예를 들면, 부나 일이나 직업 소명에 관한 훌륭한 설교를 마지막으로 들어본 게 언제인가? 최근에 빈민 사역이나 안식일 준수나 자선 사역 등을 다루는 괜찮은 기독교 도서를 읽어보았는가? 당신이 대다수 신자들과 처지가 비슷하다면 아마 그런 경험을 하지 못했을 것이다. 그리스도인들은 물질 세계를 가르칠 때 어느 한쪽으로 심하게 치우치는 경향이 있다. 한쪽 끝에는 "어쨌든 어느 날 모든 게 불타버릴 텐데!"라고 생각하는 근본주의가 있다. 반대쪽 끝에는 매달 헌금하면 건강과 부와 행복을 얻을 것이라는 번영신학이 있다.

피조 영역에 관한 복음적 가르침이 상대적으로 부족하거나 왜곡되어 있다 하더라도 그리스도인들은 물질 세계와 관련된 문제에 관심을 가져야 한다. 여기에는 여러 이유가 있다. 첫째, 성경에 물질 세계와 관련된 가르침이 넘쳐나기 때문이다. 유명한 몇 구절을 꼽자면 다음과 같다. "돈을 사랑함이 일만 악의 뿌리가 되나니"(딤전 6:10). "누구든지 일하기 싫어하거든 먹지도 말게 하라"(살후 3:10). "가난한 자들은 항상 너희와 함께 있거니와"(마 26:11). 성경에서 덜 알려진 많은 구절이 저축과 돈 꾸어주기부터 사회 정의와 재무 윤리까지 모든 문제를 다룬다. 성경은 놀랍게도 물질 지향적이고 세속적인 책이다.

물론, 물질 세계는 우리가 사는 곳이다. 신자로서 우리는 가족과 일터와 지역사회와 상호작용하는 방식에 관심을 가져야 한다. 삶과 무관한 믿음은 무가치하다. 기독교가 합당한 세계관이자 인생관이라면 물질 문제에 대해 다룰 거라 기대해야 마땅하다. 우리는 성경이 이런 문제에 대해 뭐라고 말하는지 제대로 이해하고 그대로 살아내길 소망해야 한다. 자기 맘대로 살기 위해 구원받고 싶다고 말하는 사람들은 복음의 내용을 이해하지 못한 게 분명하다.

성경은 예수님이 물질 세계에 관심을 두신다는 점을 분명히 한다. (잠시 후에 살펴보겠지만) 예수님이 보이신 본과 예수님이 전하신 메시지는 물질 영역과 동떨어지지 않았다. 실제로 성육신 자체가 이것을 증명한다. 예수님은 이 땅에 살면서 부자든 가난한 자든 가리지 않으셨다. 여러 복음서 이야기에 나오듯 모든 경제적 지위의 사람들과 자유롭게 상호작용하셨다. 뿐만 아니라 예수님의 가르침에 거듭 등장하는 주제, 곧 물질, 경제, 청지기직

등의 주제에 주목해 보았는가? 비유를 통해 예수님은 일꾼, 주인, 청지기, 채권자, 채무자, 진주, 주화, 물고기, 달란트, 므나, 투자, 부, 가난 등에 관해 말씀하셨다. 하나같이 이 땅의 삶과 매우 깊이 연결된 주제들이다. 예수님은 물질 세계에 깊은 관심을 두셨다. 그러므로 물질 세계에 무관심한 사람이 진정 그리스도의 마음을 품을 수 있다고 상상하기란 어렵다.

또한 성경이 물질적인 것에 관해 하는 말을 연구해야 하는 매우 실제적인 이유가 있다. 이 문제를 향한 우리의 시각이 우리 자신의 번영에 영향을 미치기 때문이다. 성경에 기록된 하나님의 모든 계시가 그렇듯, 내용을 제대로 알고 명령에 순종할 때 계시는 현실이 된다. 이것을 '인간의 번영' 또는 '공동 선'이라 할 수 있다. 하나님은 인간에게 아무렇게나 내키는 대로 명령하지 않으신다. 오히려 하나님은 우리가 하나님이 말씀하시는 대로 살도록 창조하셨다. 그러므로 피조 세계를 바르게 대하느냐 그러지 못하느냐는 (개인의 관점에서는) 우리의 만족에 영향을 미치고 (교회의 관점에서는) 우리의 제자도에 영향을 미치며 (잃어버린 세상의 관점에서는) 우리의 증언에까지 영향을 미칠 것이다.

성경이 물질 문제에 대해 직간접적으로 말하고 있고, 지금 우리가 물질 세계 속에서 살고 있으며, 예수님의 삶과 사역이 피조 세계에 대한 관심을 드러내고, 성경에 드러난 하나님의 계시에 우리가 실제로 관심을 가져야 한다면, 우리는 이런 질문을 던져야 마땅하다. 우리는 왜 물질 세계에 관심을 두지 않는 걸까? 성경이 돈과 경제와 청지기직과 일 등에 관해 무엇이라 말하는지 아는 것은 그리스도인들에게 선택의 문제가 아니다. 이는 그리스도를 닮고 번성하며 주변 사람들에게 다가갈 기회다.

경제와 청지기직

복음이 피조 세계에 영향을 미친다는 것을 깨닫고 나면 자연스럽게 떠오르는 몇 가지 질문이 있다. 가난한 게 더 영적인가? 부자여도 괜찮은가? 하나님을 섬기면 부자가 되는가? 세상에 도움이 필요한 사람이 이렇게 많은데 우리의 부를 어떻게 정당화할 수 있는가? 가난한 사람들을 어떻게 돌봐야 하는가? 교회에 헌금을 얼마나 해야 하는가? 이런 질문은 끝이 없을 뿐더러 시간과 문화의 변화에 따라 질문도 달라진다. 이 모든 질문에 답할 수 있는 책은 없을 것이다. 그래도 나는 물질 세계에서 공동 선을 위해 살 수 있게 도울 몇몇 기본 주제를 다루려 한다.

당신도 인정하겠지만 이 책 제목이 『경제 이론과 그리스도인의 삶』이거나 『성경과 청지기직』이었다면, 당신은 이 책을 고르지 않았을 것이다. 그러지 않은가? 나라도 읽지 않을 것이다. 경제와 청지기직은 따분하게 들린다. 그러나 이 책은 물질 영역에서 살아가는 삶에 대한 것이며, 따라서 경제 및 청지기직과 관련된 주제와 개념을 다룰 것이다. 무역과 금융 거래를 통한 재화의 이동 또는 일터에서의 노동과 보상 같은 주제도 이에 해당한다. 그렇다고 곧바로 책을 내려놓지 말라. 이런 개념도 따분하지 않다는 점을 보여주고 싶다.

'경제'에 대해 논한다고 해서 주식시장이나 퇴직연금에 대해 말하려는 게 아니다. 적어도 직접적으로는 그렇지 않다. '경제'(economy)라는 용어는 '집안의 법'을 뜻하는 고대 그리스어에서 왔다. 그러므로 경제를 말할 때, 우리는 사실 집안 살림에 대해, 즉 우리가 사는 곳에서 물질적인 것들을 정리하고 정돈하는 일을 말한다. 우리 삶을 광각렌즈로 보면, 세상은 우리가 사는 집이고 우리와 사람들, 그리고 우리와 세상의 물질 사이에 이뤄지는 상호작용 자체가 경제 행위라 할 수 있다. 물론, 성경적 경제관을 알고 싶다고 말하는 것보다는 물질 세계에서 사는 삶에 대해 성경이 뭐라고 말하는지 알고 싶다고 말하는 게 훨씬 쉽다. 그러나 어쨌든 우리는 같은 것을 말하고 있다. 그것은 모두 집안 살림에 대한 얘기다.

'청지기직'(stewardship)도 매우 비슷한 개념이다. 아마도 '청지기직'이라고 하면 당신은 죄책감을 유발하던 지겨운 설교를 떠올릴 것이다. 교회에 헌금하는 것은 청지기직의 한 형태(또는 율법주의의 한 형태!)일 수 있으며 분명히 중요하다. 그러나 이것이 청지기직의 개념 전체를 구현하지는 않는다. '스튜어드'(steward, 승무원)라는 현대 용어는 '살림꾼'(housekeeper)을 뜻하는 고대 영어 '스티그워드'(stigweard)에서 왔다. 따라서 청지기직은 누군가의 소유를, 즉 집주인의 물질적 소유를 관리하는 일을 말한다. 이번에도 광각렌즈로 살펴보자면, 청지기직이란 하나님의 세계에서 하나님의 자원을 성실하게 관리해 하나님의 목적을 성취하는 것이다.

따라서 물질 세계에서 사는 삶에 대한 논의는 실제로 경제와 청지기직에 대한 논의라 할 수 있다. 사람들과 함께 상호작용하며 살면서 하나님의 자원을 낭비하거나 쌓아두는 것이 아니라 효율적으로 활용하는 것에 대해 논의하는 것이다. 실제로, 예수님은 달란트 비유에서 바르게 살라고, 선한 청지기가 되라고 호소하셨다(마 25:14-30을 보라). 반대로, 그리스도께서는 포도원 농부의 비유에서 못된 청지기와 사람들을 불의하게 대하는 문제에 관해 말씀하셨다(비록 이것이 핵심 주제는 아니더라도 말이다; 막 12:1-11을 보라). 예수님이 이에 관해 말씀하셨기에, 우리가 물질 세계에서 공동 선을 추구하며 살려면 하나님이 포도원의 궁극적 주인이심을 깨닫고 하나님이 우리에게 맡기신 자원을 지혜롭게 활용해야 한다.

물질적 부와 가난

물질 세계에서 공동 선을 위해 사는 것에 대해 말할 때 부와 가난이란 주제는 빠지지 않고 등장한다. 물론, 아주 자연스러운 현상이다. 부와 가난은 물질적 재화가 있고 없음을 가늠할 때 사용하는 개념이기 때문이다. 부와 가난에 관해서는 나중에 더 깊게 살펴볼 테지만(4장을 보라), 물질 세계에 관한 논의를 시작하면서 부와 가난이란 개념을 정의해 두는 게 도움이 될 것이다. 그러나 '부'와 '가난'을 정의하기란 생각만큼 쉽지 않다.

부란 무엇인가? 가난이란 무엇인가? 우리가 부한지 가난한지 어떻게 결정하는가? 쉬운 질문 같지만 생각할수록 객관적으로 답하기 어렵다. 물질적 부와 가난은 대개 어떠한 상황 내에서 결정되며 각자 처한 시대와 문화에 따라 달라진다. 그렇다고 모든 사람이 부와 가난에 대해 저마다 달리 정의한다는 말이 아니다. 우리가 부와 가난을 가늠하는 방식은 우리가 살고 있는 시대와 장소의 영향을 받는다는 말이다.

예를 들면, 여러 물질적 잣대로 판단할 때, 21세기 미국 정부가 규정한 빈곤선 정도의 수입으로 살아가는 사람들은 1세기 사람들 대부분보다 나은, 즉 부유한 삶을 산다. 이것은 어느 한 시대에 부유한 사람이나 가난한 사람이 더 많거나 더 적기 때문이 아니다. 우리가 서로 다른 두 시대를 비교하기 때문이다. 그러므로 부를 물질적 풍요로 정의하고 가난을 물질적 소유가 적거나 없음으로 정의하더라도, 이러한 개념이 필연적으로 상대적 잣대임을 이해하는 게 중요하다.

물론 부와 가난을 어떤 잣대로 가늠하든 간에, 선택할 수 있다면 대다수 사람이 가난이 아닌 부를 선택할 것이다. 나라도 그럴 것이다. 그러나 흥미롭게도, 성경은 가난한 상태와 부한 상태 둘 다 복과 저주로 묘사한다. 먼저 부에 대해 살펴보자. 모세는 이스라엘에게 이렇게 가르쳤다. "네 하나님 여호와를 기억하라 그가 네게 재물 얻을 능력을 주셨음이라"(신 8:18). 하나님이 우리로 부를 얻게 해 주신다면 부는 복이 틀림없다. 성경은 족장들, 욥, 다윗, 솔로몬, 아리마대 요셉을 비롯해 경건한 부자를 많이 소개한다. 하나님은 부의 근원이며 성경에는 하나님을 사랑하는 부자들이 등장한다. 따라서 부를 경건의 표식으로 보지 않는다면, 부하길 바라는 마음은 바람직해 보인다.

그러나 부에 관한 성경의 가르침이 늘 그렇게 긍정적이지는 않다. 예를 들면, 자주 인용되는 구절에서 예수님은 이렇게 말씀하셨다. "낙타가 바늘귀로 들어가는 것이 부자가 하나님의 나라에 들어가는 것보다 쉬우니라"(마

19:24). 이와 비슷하게 씨 뿌리는 자의 비유에서 그리스도께서는 재물의 유혹과 세상의 염려에 막혀 천국에 들어가지 못한 사람들이 있다고 가르치셨다(마 13:7, 22을 보라). 성경에는 경건하지 못한 부자가 많이 나온다. 예를 들면, 배교한 이스라엘과 유다의 왕들, 나발, 부자 청년을 비롯해 예수님의 사역에 등장하는 부자들(마 19:16-26), 나사로의 비유에 등장하는 부자 등이 있다. 부자 청년과 나사로의 비유에 등장하는 부자 둘 다 하나님과의 바른 관계보다 부를 선택했다. 어쩌면 부자가 되는 것은 우리가 처음 생각했던 것만큼 바람직하지 않을지 모른다.

가난도 성경에서 콕 집어 정의하기 어려운 개념이기는 매한가지다. 현대 서구문화에서 자발적으로 가난하게 살겠다는 그리스도인은 거의 없을 것이다. 그러나 예수님의 제자들은 정확히 가난한 삶을 선택했다. 이들은 기꺼이 "모든 것을 버리고 주를 따랐다"(마 19:27). 예수님은 또한 이렇게 가르치셨다. "너희 가난한 자는 복이 있나니 하나님의 나라가 너희 것임이요"(눅 6:20). 예수님이 여기서 오로지 영적 가난을 말씀하고 계신다고 생각하고 싶을지 모르겠다. 예수님이 다른 상황에서 "심령이 가난한 자"에 관해 비슷한 가르침을 주셨다고 마태도 기록하지 않았는가(마 5:3). 그러나 평행을 이루는 누가의 저주에 비춰볼 때(눅 6:24을 보라), 예수님은 누가복음 6:20에서 물질적으로 가난한 자들에 관해 가르치신 게 분명하다. 예수님은 거듭 이들이 복이 있다고 말씀하신다. 물론, 성경 전체에 경건한 가난한 자들이 등장한다. 예를 들면, 예수님 자신을 비롯해(그분은 머리 둘 곳이 없었다), 거지 나사로(죽어 천국에 갔다), 그리고 사도들이 있다(방금 말했듯 이들은 모든 것을 버리고 예수님을 따랐다).

그러나 성경이 항상 가난을 복이나 영적 성숙의 표식으로 제시한 것은 아니다. 예를 들면, 잠언은 거듭 가난을 경고하고 가난이 개인적인 죄의 결과일 수 있다고 가르친다. 몇몇 구절을 인용하면, 잠언 23:21은 "술 취하고 음식을 탐하는 자는 가난하여질 것이요 잠자기를 즐겨 하는 자는 해어진 옷을 입을 것임이니라"고 경고하고, 잠언 28:19은 "자기의 토지를 경작하는 자는 먹을 것이 많으려니와 방탕을 따르는 자는 궁핍함이 많으리라"고 가르친다. 더 나아가 하나님은 가난을 심판과 수반되는 것으로 자주 정의하신다(다음을 보라. 신 28:30-42, 렘 5:17-19, 미

6:13-16). 그러므로 가난이 언제나 그리스도인들에게 우선 선택지는 아닐 것이다.

부와 가난 중에 어느 한쪽이 더 낫거나 못하다고 규정할 수 없다. 성경은 이렇게 규정하지 않는다. 그러므로 어느 한 쪽이 늘 악하다(또는 복되다)는 전제에서 부와 가난에 관한 논의를 시작하면 잘못된 결론에 이를 수밖에 없다. 이어지는 논의에서 보겠지만, 성경은 부나 가난의 고유한 도덕성에 관해서보다는 우리가 현재 물질적 상태에 어떻게 이르렀는지, 또 그 상태를 어떻게 대해야 하는지에 관해 더 많이 말한다. 반드시 기억해야 할 사실이 있다. 바울은 돈 자체가 악이 아니라 돈을 사랑하는 것이 악이라고 가르쳤다(딤전 6:10을 보라). 이와 비슷하게, 부와 가난에 관한 예수님의 가르침은 우리 손보다는 마음에 있는 것에 초점을 맞추시는 것 같다.

영적 부와 가난

물질 세계에서 산다는 게 무슨 뜻인지 살펴볼 때 소홀히 하지 말아야 할 점이 있다. 부와 가난에 대한 성경의 가르침이 항상 물질적인 면만을 향하는 게 아니라는 점이다.

실제로 성경 저자들이 부와 가난을 영적 의미로 말할 때도 있다. 이것을 포착하는 게 중요하다. 영적 가르침을 물질적 가르침으로 읽거나 반대로 물질적 가르침을 영적 가르침으로 읽는다면, 주어진 단락에 대한 우리의 해석이 정도를 넘어설 수 있다. 이 부분을 좀 더 자세히 살펴보자.

바울이 고린도 교회를 향해 했던 말을 생각해 보자. "우리 주 예수 그리스도의 은혜를 너희가 알거니와 부요하신 이로서 너희를 위하여 가난하게 되심은 그의 가난함으로 말미암아 너희를 부요하게 하려 하심이라"(고후 8:9). 바울의 말은 예수님을 사랑하면 물질적으로 부유해지리라 기대해도 좋다는 의미인가? 번영복음을 전하는 자들은 분명히 그렇다고 생각한다. 그러나 이는 지금까지 대다수 그리스도인이 실제로 경험해온 현실과 거리가 멀 뿐더러, 현재 비서구권 대다수 그리스도인이 경험하는 현실과도 거리가 멀다. 그렇다면 바울이 이 구절에서 언급한 것은 물질적 부와 가난인가, 아니면 영적 부와 가난인가?

바울이 이 서신의 다른 곳에서 제시하는 개인적 경험

과 맥락과 가르침 같은 실마리를 살펴보면 바울이 이 구절에서 영적 부와 가난을 말했다는 것을 쉽게 이해할 수 있다. 책임감 있고 정통적인 성경주석가라면 누구라도 이 부분을 증명해야 한다. 그러나 이 구절은 중요한 두 질문을 불러일으킨다. 첫째, 한 구절이 부와 가난을 말할 때, 물질적 부와 가난을 말하는지 아니면 영적 부와 가난을 말하는지 어떻게 아는가(곁에 주석이 없다면)? 둘째, 물질적 부/가난과 영적 부/가난은 서로 연결되는가? 나는 둘째 질문에 어떻게 답할지 알면 첫째 질문에 답할 수 있다고 믿는다.

물질적 상태와 영적 상태 연결하기

논리적으로 말하면, 물질적 부/가난과 영적 부/가난을 연결하는 네 가지 방식이 있다. 네 방식 중 어느 하나라도 불변하는 인과 관계라고 주장하는 것은 잘못이다. 네 방식을 요약하면 다음과 같다.

- 첫째, 물질적으로 부요한 사람은 영적으로도 부요하다. 이는 앞서 말한 번영복음의 오류다.

- 둘째, 물질적으로 가난한 사람은 영적으로도 가난하다. 이는 욥의 친구들이 범한 오류다.
- 셋째, 물질적으로 부요한 사람은 영적으로 가난하다. 이는 물질주의의 오류다(이전 세대는 이것을 탐욕 죄라 불렀다).
- 넷째, 물질적으로 가난한 사람은 영적으로 부요하다. 이는 수도원주의의 오류다.

네 관계가 쉽게 이해되지 않는다면 이 단락을 여러 번 읽어 보라. 이제 세세한 부분을 살펴보겠다.

앞서 말했듯, 네 가지 연결 방식 중 어느 하나라도 불변하는 인과 관계라고 주장하는 것은 잘못이다. 하지만 역사의 흐름에 따라 각각의 방식에 매력을 느낀 신자 집단들이 존재해 왔다. 네 방식은 모두 가능하나 불변하지는 않는 연결 관계를 제시한다. 물질적 부/가난과 영적 부/가난을 연결하는 방식은 각각 티끌 같은 진리를 담고 있다. 네 관계를 좀 더 자세히 들여다보면서 이들 연결 관계가 왜 가능한지뿐 아니라 어떤 점에서 오류를 갖고 있는지도 규명해 보겠다.

번영복음은 물질적으로 부요한 사람이 영적으로도 부요하다고 주장한다. 바꿔 말하면, 거짓 복음을 전하는 자들은 성숙한 믿음이 곧 물질적 풍요를 낳는다고 주장한다. 이는 분명 오류일 뿐 아니라 이단이기까지 하다. 하지만 물질적 부가 영적 부와 연관될 가능성이 있는 것 또한 사실이다. 예를 들어, 영적으로 성숙할수록 근면, 정직, 성실, 시간 엄수 등과 같은 윤리적 성품을 갖추게 될 텐데, 이러한 성품은 물질적 부로 이어지기 쉽다. 솔로몬이 가르쳤듯이, "손이 부지런한 자는 부하게" 되고 "부지런한 자의 경영은 풍부함에 이를 것"이다(잠 10:4, 21:5). 그러므로 물질적 부와 영적 부는 서로 연결될 수 있으나 늘 연결되는 것은 아니다.

욥의 친구들은 욥의 물질적 가난이 그의 영적 가난에서 비롯된 어떤 죄가 낳은 직접적 결과라고 주장했는데, 이는 정확하지 않다. 물론, 우리는 이 주장이 틀렸다는 것을 안다. 하나님이 욥기 42:7-8에서 그렇다고 선언하셨기 때문이다(찾아보라!). 그러나 물질적 가난이 영적 가난과 연결될 수 있다는 것은 어느 정도 맞는 말이다. 앞서 살펴보았듯, 영적 가난이 물질적 가난으로 이어진다는 가르침은 성경에 거듭 나타나며, 특히 잠언에 자주 나타난다. 예를 들면, "손을 게으르게 놀리는 자는 가난하게 되고 … 입술의 말은 궁핍을 이룰 뿐이니라 … 너는 잠자기를 좋아하지 말라 네가 빈궁하게 될까 두려우니라 … 방탕을 따르는 자는 궁핍함이 많으리라"(잠 10:4, 14:23, 20:13, 28:19). 따라서 물질적 가난은 영적 가난과 연결될 수 있으나 늘 연결되지는 않는다. 물질적 가난에는 개인의 선택을 비롯한 다른 여러 이유가 있다.

물질주의, 곧 물질 세계에 사로잡혀 영적인 것을 소홀히 여기는 태도는 부유한 서구권 국가에서 직면하는 문제다(이 부분은 5장에서 좀 더 살펴보겠다). 물질적으로 부요한 사람은 모두 영적으로 가난하다고 믿는 것은 잘못이다. 그렇더라도 많은 부자가 죄에 물들어 사는 것도 사실이다. 성경은 하나님보다 돈을 더 사랑하지 말라고 거듭 경고하며, 이렇게 했던 사람들의 부정적인 예를 제시한다(마 6:19-20과 눅 12:13-21을 보라). 그러나 성경에 기록된 부에 관한 긍정적 예와 가르침에 비춰볼 때, 물질적 부와 영적 가난이 늘 연결되지는 않는 게 분명하다.

마지막으로, 물질적으로 가난한 사람이 영적으로 부

요하다는 생각은 수도원주의의 오류다. 하나님을 기쁘시게 하고자 청빈 서약을 하고 거의 아무것도 소유하지 않은 채 살아가는 수도사들과 수녀들을 생각해 보라. 이러한 수도사들과 수녀들은 영적으로 부요해 보인다. 그러나 이들이 선행을 통해 구원을 얻으려 애쓰고 있다면 영적으로 가난할 것이다. 상식적으로 물질적 가난과 영적 가난이 항상 연결되는 것은 아니다. 그렇더라도 때로 이 또한 사실이다. "하나님이 세상에서 가난한 자를 택하사 믿음에 부요하게 하시고 또 자기를 사랑하는 자들에게 약속하신 나라를 상속으로 받게 하지 아니하셨느냐"(약 2:5). 거듭 말하건대, 이러한 물질적 상태와 영적 상태를 연결하는 것은 가능하지만 이러한 연결 관계가 불변하는 인과 관계는 아니다.

그러므로 두 가지 결론이 뒤따른다. 첫째, 성경은 물질적 부와 가난을 말할 뿐 아니라 영적 부와 가난도 말한다. 특정 구절을 읽을 때, 본문이 물질적 부와 가난을 말하는지 아니면 영적 부와 가난을 말하는지 분별하는 게 중요하다. 둘째, 물질적 부/가난과 영적 부/가난이 불변하는 방식으로 연결된다고 믿는 것은 잘못이다. 두 상태가 서로 연결될 때가 있지만, 이 둘이 늘 인과 관계를 형성하는 것은 아니다.

예수님의 본

지금까지 몇몇 기본 주제를 다루었지만 아직 던지지 못한 질문이 있다. "예수님이라면 어떻게 하실까?" 사실, 이렇게 묻는 게 더 나을지 모르겠다. "예수님은 어떻게 하셨는가?" 친히 물질 세계에 살면서 사물 및 사람들과 상호작용하셨던 우리 구주께서는 어떤 본을 보이셨는가? 우리는 예수님이 보이신 본을 따라야 한다. 그리스도인(문자 그대로 '작은 그리스도')으로서 우리는 예수님이 하신 말씀과 행동 모두에 관심을 기울여야 한다. 그러나 물질 세계에 살면서 그리스도를 닮고 예수님의 본을 해석하기란 쉬운 일이 아니다. 예수님의 본이 오락가락했기 때문이 아니라 그리스도와 물질 세계의 교통이 너무나 광범위했기 때문이다.

복음서를 읽을 때, 예수님의 가난에 초점을 맞춰 읽는 게 가능하다. 그리스도의 성육신 자체가 가난해지는 행위였음을 기억하라. 실제로 인간의 육신을 입고 죄인들과 이 세상의 추악함 가운데 거하기 위해, 예수님은 천국의 부를 내려놓으셔야 했다. 이것이 빌립보서 2:7에 나오는 바울의 가르침이다. 여기서 바울은 예수님이 "오히려 자기를(자신의 특권을) 비워 종의 형체를 가지사 사람들과 같이 되셨다"고 썼다. 동일한 가르침이 앞서 인용한 구절의 핵심이다. "우리 주 예수 그리스도의 은혜를 너희가 알거니와 부요하신 이로서 너희를 위하여 가난하게 되심은 그의 가난함으로 말미암아 너희를 부요하게 하려 하심이라"(고후 8:9).

예수님의 가족이 처한 물질적 상황을 보아도 그분이 겪으신 가난이 어느 정도였는지 알 수 있다. 대다수 사람들은 그리스도의 탄생 이야기를 비교적 세세하게 알고 있다. 해마다 성탄절에 그분의 탄생을 되새기고 기념하기 때문이다. 예수님의 탄생 이야기는 몇 가지 요소를 포함한다. 그분은 낯선 도시(추정컨대 가족과 친구가 없는 곳)에서 태어나셨고, 구유, 즉 여물통에 누이셨으며, 목자들, 곧 당시 사회에서 대다수 사람이 무시했던 자들의 방문을 받으셨다(눅 2:7을 보라).

예수님의 할례를 기술하면서, 누가는 마리아와 요셉

이 마리아의 정결 예식을 위한 제물로 비둘기 한 쌍을 드렸다고 말한다(눅 2:22-24을 보라). 레위기 12:7-8에 따르면, 할례 때는 일반적으로 어린 양 한 마리를 제물로 바쳐야 하지만 산모가 "어린 양을 바치기에 힘이 미치지 못하면 산비둘기 두 마리나 집비둘기 새끼 두 마리를 가져다가 하나는 번제물로, 하나는 속죄제물로" 바치면 제사장은 그를 위하여 속죄할 수 있었다(레 12:8). 따라서 예수님의 부모는 관례대로 어린 양 한 마리를 바치지 못할 만큼 가난했던 게 분명하다.

그러므로 예수님은 경제적 하위계층의 가정에 태어나신 게 분명해 보인다. 그런데 이러한 물질적 상황은 30년이 지나고 예수님이 지상 사역을 하는 동안에도 달라지지 않았다. 예수님이 당시 부와 가난에 관해 주셨던 유명한 가르침 몇 가지를 앞에서 인용한 바 있다. 우리가 주목해야 할 부분이 하나 더 있다. 예수님이 자신의 경제 상황에 관해 언급하신 부분이다. 이를 테면, 예수님은 "여우도 굴이 있고 공중의 새도 거처가 있으되 인자는 머리 둘 곳이 없다"고 하셨다(마 8:20). 복음서의 여러 이야기가 이 증언을 뒷받침한다.

그리스도께서는 사역하는 동안 거의 아무것도 소유하지 않으셨던 것으로 보인다. 예수님은 빌린 배에서 설교하셨고, 빌린 음식을 나눠 주셨으며, 빌린 나귀 새끼를 타셨고, 빌린 무덤에 장사되셨다. 사실, 예수님뿐 아니라 제자들의 물질적 필요까지 대부분 예수님과 동행한 헌신적인 여성들의 기부로 채워졌던 게 분명하다. 복음서에서 누가는 이렇게 말한다. "또한 악귀를 쫓아내심과 병 고침을 받은 어떤 여자들 곧 일곱 귀신이 나간 자 막달라인이라 하는 마리아와 헤롯의 청지기 구사의 아내 요안나와 수산나와 다른 여러 여자가 함께 하여 자기들의 소유로 그들을 섬기더라"(눅 8:2-3, 막 15:40-41도 보라).

이 서술이 성육신하신 예수님이 물질 세계에서 어떻게 사셨는지를 폭넓게 요약한다고 볼 수 있다면, 예수님은 가난한 삶의 본을 보이셨으며 우리 역시 그분처럼 가난하게 살아야 한다고 결론내릴 수 있겠다. 그러나 예수님의 부에 초점을 맞춰 복음서를 읽는 것도 가능하다.

앞서 말했듯이, 예수님이 태어나실 때 그분의 가족은 경제적으로 빈곤층이나 차상위 계층에 속했던 게 분명하다. 그러나 3년 후, 동방박사들이 엄청나게 값진 예물을 가지고 그리스도를 찾아왔을 때, 예수님의 가족은 집에 거주했다. 마리아와 요셉의 경제적 상황이 좋아졌던 것으로 보인다(마 2:11을 보라). 나중에 누가복음 2:41-51에서 복음서 저자는 마리아와 요셉 가족 전체가 유월절을 지키러 예루살렘에 갈 만큼 경제적으로 안정되었다고 말한다. 당시 가족 전체가 유월절을 지키러 예루살렘에 가야만 했던 것은 아니다. 성인 남자만 가도 되는 상황이었다(출 23:17을 보라).

성경은 예수님 가족의 경제 사정이 어떻게 좋아졌는지 자세히 설명하지 않는다. 그러나 시간이 흐르면서, 이들은 중산층으로 분류할 법한 계층이 된 것 같다. 역사가들에 따르면, 나사렛은 특히 무역상들 덕에 번창했다. 나사렛에서 가까운 곳에 호화스러운 로마 휴양지 세포리스가 건설되고 있었기 때문이다. 목수였던 요셉은(마 13:55) 이 기회를 살려 안정적으로 일자리를 확보했을 것이다. 예수님이 나중에 '목수'로 알려지신 것을 보면(막 6:3) 가업을 이어받으셨던 게 분명하다.

성경은 또한 예수님이 아리마대 요셉, 니고데모, 삭개오, 레위, 이름 모를 바리새인들을 비롯해 수많은 부자와 힘 있는 사람들을 상대로 사역하고 이들과 하나 되셨다고 말한다. 누가복음은 예수님이 음식을 즐기고 값진 선물을 받으며 부자들과 어울리셨다는 점을 특히 강조한다. 예를 들면, 누가는 예수님이 잔치에 참석해 부자들과 식사하셨다고 기록한다(다음을 보라. 눅 5:29-32, 7:36-39, 11:37, 14:1-2). 이러한 주제가 요한복음에서도 반복된다. 예를 들면, 요한복음은 그리스도께서 혼인잔치에서 처음으로 이적을 행하셨다고 말하며, 나중에는 마리아에게서 값비싼 선물, 곧 사치스러운 향유를 받으셨다고 말한다(요 2:1-11과 12:1-3을 보라). 예수님이 자신에 관해 하시는 증언에도 주목하라. "인자는 와서 먹고 마시매"(마 11:19).

예수님의 삶을 토대로 우리는 물질 세계에서 사는 삶에 관해 어떤 결론을 내려야 하는가? 예수님은 평생에 걸쳐 다양한 경제적 상태를 경험하셨다. 그분은 태어날 때 비교적 가난하셨고, 사역을 시작하기 전에 1세기 중산층 가정에서 양육되셨으며, 사역하는 동안 자발적으로 가난해지셨다. 그리스도께서 결코 부나 가난 자체를 정죄하지 않으셨다는 사실에 주목해야 한다. 오히려 그분은 흔히 부나 가난으로 이어지는 죄, 곧 탐욕과 교만과 게으름과 불의와 도둑질을 비롯한 여러 죄를 지적하셨다. 더욱이 예수님은 부한 자들과 가난한 자들 양쪽 모두와 편안하고 능숙하게 함께하셨던 게 분명하다.

이것을 우리에게 적용하면, 우리도 그리스도처럼 자신의 물질적 환경이 어떠하든 거기에 만족하는 법을 배워야 한다(빌 4:11). 가난한 상태에서 부한 상태로든 그 반대로든 간에 우리의 경제적 상황을 바꾸려는 시도는 동기만 경건하다면 허용할 수 있다. 더욱이 어떤 상황에서건 불의한 물질적 상태를 초래하는 죄에 맞선다면 이를 통해 그리스도를 닮아갈 수 있다. 가난한 자와 부한 자 모두와 소통하는 능력을 기른다면 그리스도의 복음을 들고 세상에 다가가는 데 도움이 될 것이다.

한 걸음 더

이 책을 여는 장에서 우리는 물질 세계에서 사는 삶과 관련된 근본 문제를 살펴보면서 여러 주제를 다루었다. 우리의 탐구가 경제 및 청지기직과 어떻게 연결되는지 살펴본 후, 성경은 본질적으로 부든 가난이든 어느 한쪽을 선호하지는 않음을 확인했다. 다음으로 물질적 부/가난과 영적 부/가난의 관계를 살펴보았다. 그러면서 물질적 영역과 영적 영역이 연결될 때가 많지만, 둘 사이의 어떤 관계도 불변하는 인과관계가 될 수 없다고 결론 내렸다. 마지막으로 예수님의 본을 살펴보았는데, 그분의 삶에는 물질적 부와 가난 모두 포함되어 있었다.

이제 당신은 성경이 물질 세계에서 사는 삶에 관해 무엇이라 가르치는지 이해하는 게 얼마나 중요한지 알았을 것이다. 뿐만 아니라 이 문제를 더 자세히 탐구할 때 사용할 용어와 개념을 어느 정도 파악했을 것이다. 가장 먼저 탐구할 주제는 일과 소명에 대한 성경의 가르침이다.

핵심 내용

- 물질 세계를 어떻게 생각해야 하는지 모르는 그리스도인이 많다. 더 나아가 피조 세계를 비성경적인 방식으로 바라보는 그리스도인도 적지 않다.
- 예수님의 본은 물질적 영역에서 분리되는 게 아니라 참여하는 것이었다.
- 부와 가난은 상대적 개념이며, 성경은 어느 한쪽을 선호하지 않는다.

- 물질적 부/가난과 영적 부/가난은 비인과적 방식으로 연결된다.
- 성육신하신 예수님은 물질적 부와 물질적 가난 둘 다 경험하셨고 결코 어느 한쪽도 정죄하지 않으셨다.

묻고 답하기

- 성경은 물질 세계를 어떻게 정의하는가?
- 예수님은 물질 세계와 영적 세계 중 어느 쪽에 더 관심을 두셨는가?
- 물질적 부와 가난은 영적 부와 가난과 어떤 관계에 있는가?

2. 일과 소명

일. 우리 중에 일을 좋아하는 사람은 거의 없다. '일'과 '노동'이란 말에 미소 짓는 사람은 별로 없다. 반대로 말하면, 모두들 주말을 좋아한다. 불금을 기다린다. 왜 주말을 좋아하는가? 일하러 갈 필요가 없기 때문이다. 월요일 아침에 알람이 울릴 때, 우리는 여전히 주말이길 바란다. 이러한 시각이 성경적인가? 이러한 시각이 본질적으로 만족스러운가? 일에 어떤 구속적 성격이 있는가? 좀 더 자세히 들여다보자.

성경학자들에 따르면, 일이라는 개념은 성경에 명시적으로든 암묵적으로든 800회 넘게 등장한다. 이 모든 예를 일일이 찾아 분류해 보지는 않았지만 이 통계는 타당해 보인다. 성경에 나오는 일과 관련된 예화와 가르침을 떠올려 보라. 예를 들면, 앞장에서 언급했듯 예수님은 목수, 곧 육체노동자의 아들이었으며 자신 또한 육체노동자가 되었다(마 13:55과 막 6:3을 보라). 어떤 사람들은 이러한 그리스도를 받아들이기 어려워한다. 사람들은 대개 중세 그림에서처럼 후광이 비치고 거룩해 보이는 예수님의 이미지를 더 좋아한다. 땀과 톱밥으로 얼룩진 모습으로 진상 고객을 상대하며 일하느라 탈진한 예수님을 떠올리는 게 불경건하다고 느끼는 것이다. 그러나 이것이 성경의 예수님이다.

바울도 육체노동자, 곧 천막제조업자였다(행 18:3과 20:34을 보라). 바울은 육체노동자였을 뿐 아니라 자신의 노동을 교회를 위한 본보기로 제시했다. "형제들아 우리의 수고와 애쓴 것을 너희가 기억하리니 너희 아무에게도 폐를 끼치지 아니하려고 밤낮으로 일하면서 너희에게 하나님의 복음을 전하였노라"(살전 2:9). 물론 바울이 육체노동을 정신노동보다 귀히 여기거나 정신노동을 육체노동보다 귀히 여겼던 것은 아니다. 오히려, 어떤 일이든 간에 노동할 수만 있다면 노동을 통해 자신과 가족을 부양하고 불필요하게 다른 사람들에게 짐이 되어서는 안 된다고 가르쳤다. 이것이 바울이 복음을 전하면서 하나님의 백성에게 보인 본이었다.

성경은 일에 관한 예화와 본보기와 가르침으로 넘쳐난다. 예수님의 비유에는 다양한 종류의 일이 포함되었다. 이를 테면, 파종, 수확, 구매, 판매, 고기잡이, 양치기, 투자 등이다. 성경에서 일과 관련된 친숙한 구절 중에 이런 것이 있다. "무슨 일을 하든지 마음을 다하여 주께 하듯 하고 사람에게 하듯 하지 말라"(골 3:23). "우리가 너희와 함께 있을 때에도 너희에게 명하기를 누구든지 일하기 싫어하거든 먹지도 말게 하라 하였더니"(살후 3:10). "일꾼이 그 삯을 받는 것은 마땅하다"(딤전 5:18). 즉, 성경은 다양한 형식으로 일을 다루되, 긍정적인 관점에서 그 가치를 인정하고 있다.

일에 대한 오해

성경에 일에 관한 설명과 묘사가 나옴에도 불구하고 많은 사람이 계속해서 일을 오해한다. 이 장을 시작하며 말했듯, 그리스도인을 비롯한 많은 사람이 기본적으로 일은 피하고 싶고 여가는 누리고 싶다고 여기는 것 같다. 일은 그저 돈벌이를 위한 필요악이라고 여기는 사람들도 있다. 사람들이 자신의 직장에 대해 어떻게 말하는지, 휴일과 주말을 어떻게 즐기는지, 은퇴 이후의 삶을 얼마나 꿈꾸는지 들어보면 금방 확인할 수 있다. 이런 시각에서 일은 목적을 위한 수단으로 전락한다. 살기 위해 일하며 주말에 한껏 놀기 위해 사는 것이다.

실제로 일 때문에 겪는 어려움과 쉼이 주는 유익을 부정하거나 무시하려는 게 아니다(쉼에 관해서는 다음 장에서 자세히 살펴보겠다). 실제로, 노동은 때로 고역일 수 있다. 직업과 상관없이 우리는 모두 일이 지루하고 무의미하며 불만족스럽고 힘겨운 노역으로 느껴지는 시기를 경험한다. 성경은 일이 이제 고역이 되었고 피조 세계는 저주받았다고 말한다. 그리고 우리가 경험하듯이 많은 직장 동료가 기독교에 무관심하다(심지어 적대적이기까지 하다). 많은 사람이 자신의 일에 목적이 없다고 느끼며, 직업을 바꾸고 싶어 하고, 진로에 확신이 없으며, 자주 불안해하는 것도 이해가 간다. 일터에서 만나는 죄는 현실이다. 타락한 세상에 살면서 이러한 경험이 없는 사람은 아무도 없을 것이다.

그러나 죄가 일에 미치는 피할 수 없는 영향력과 씨름하는 것과, 일은 모조리 나쁘고 여가는 모조리 좋다고 단정 짓는 것은 다르다. 성경이 묘사하는 일은 마지못해 감당해야 할 의무가 아니라 즐거운 특권이다. 하나님은 일하시는 분이며 일하도록 사람을 지으셨다. 사실, 우리의 일상 노동은 물질 세계에서 하나님의 형상을 가진 자로 살아가는 아주 중요한 방법이다. 이 개념을 오해할 때 심각한 결과가 초래된다. 우리가 일의 주인이 아닌 종으로 전락하며, 우리가 일을 다스리는 게 아니라 일이 우리를 다스리게 되는 것이다. 이것은 하나님이 자녀들을 위해 세우신 계획이 아니다.

현대 문화에 널리 퍼진 일에 관한 또 다른 오해가 있는데, 이는 노동의 형태와 관련된 것이다. 예를 들면, 많은 사람이 서비스를 기반으로 하는 직업이 지식을 기반으로 하는 직업보다 못하다고 본다. 이는 잘못된 시각이다. 성경은 매춘이나 살인청부나 절도 같은 일은 금하지만, 도덕적으로 허용되는 노동 가운데 특별한 종류에 더 높은 가치를 부여하지 않는다. 더 많은 육체노동을 요하는 직업이 있고, 더 많은 정신노동을 요하는 직업도 있다. 서비스를 기반으로 하는 직종이나 지식을 기반으로 하는 직종과 관련해 성경은 어느 한쪽을 우선하지 않는다.

이와 관련해 일에 대한 왜곡된 태도가 있다. 우리는 임금이 낮은 직업보다는 임금이 높은 직업을(때로는 그런 직업을 가진 사람을) 선호하는 경향이 있다. 예를 들면, 누군가 '좋은 직업'을 찾고 싶다고 말한다면 대개 임금이 높은 직업을 의미한다. 일반적으로 사람들은 임금이 낮은 직업을 탐내지 않는다. 그러나 실제적으로 말해, 좋은 직업은 임금과 상관없이 개인의 타고난 능력, 교육을 통한 준비, 삶의 경험, 그리고 영적 은사에 적합한 직업이다. 수입이 중요한 고려사항이 아니라고 말하려는 게 아니다. 실제로, 생산에 대한 보상은 중요할 뿐 아니라 정의의 문제일 수 있다(이 부분은 4장에서 다시 살펴보겠다). 그러나 임금이 높은 직업이 임금이 낮은 직업보다 본질적으로 우월하다고 보는 것은 잘못이다.

성경은 일의 유형을 객관적으로 바라보며, 이러한 객관성은 성스러운 일과 세속적인 일을 구분하는 데도 자주 적용된다. 목회자와 선교사처럼 '성스러운' 직업을 가진 사람들이 주님의 일을 한다고 생각하는 것은 어렵지 않다. 이보다는 세속적인 직업과 하나님 나라를 연결하는 것이 훨씬 어렵다. 그러나 성경은 이른바 성스러운 직업과 세속적인 직업을 구분하지 않는다. 성직자의 일이 평신도의 일과 기능적으로 다른 것은 분명하다. 그러나 어떤 형태나 범주의 두 가지 일을 비교하더라도 이와 똑같이 말할 수 있다. 성경은 우리가 하는 일의 형태와 무관하게 모든 신자가 왕 같은 제사장이며(벧전 2:9) 하나님 나라의 일에 참여하고(눅 11:2) 하나님의 영광을 위해 일하는 자라고 가르친다(고전 10:31). 따라서 목회자와 배관공 둘 다 주님의 일을 하는 것이다.

이외에도 일과 관련해 널리 퍼진 오해들을 제대로 인지하는 게 중요하다. 그러나 모든 개인적·문화적 오류를 서술하고 분석하기란 불가능하다. 어떤 기독교 교리에 대한 왜곡이든 이를 찾아내고 바로잡는 확실한 방법은 성경의 실제적인 가르침에 초점을 맞추는 것이다. 이를 염두에 두고 노동에 대한 성경적 기초를 살펴보겠다. 이러한 기초를 이해할 때 비로소 일의 신학과 관련된 오해를 분별하는 눈이 생기기 때문이다.

일의 기초

창세기 1장에서 볼 수 있듯 사람을 지으실 때 하나님은 영적 요소뿐 아니라 물질적 요소를 사용하셨다. "하나님이 땅의 흙으로 사람을 지으시고 생기를 그 코에 불어넣으시니 사람이 생령이 되니라"(창 2:7). 사람은 몸과 영으로 구성된다는 가르침이 성경 전체의 다양한 문맥에서 되풀이되고 전개된다(마 10:28, 고후 7:1, 골 2:5, 약 2:26). 그러므로 태초에 하나님은 사람을 복합적인 존재, 곧 물질적/영적 존재로 지어 에덴동산이라는 피조 영역에 두신 것이다.

사람에게 영이 있다는 것은 우리가 하나님을 닮은 여러 측면 중 하나다. "하나님은 영"이시기 때문이다(요 4:24). 그러나 우리는 육체적 또는 물질적 몸을 가졌다는 점에서 아버지 하나님과 근본적으로 다르다. 이것은 우리가 "천상의 존재들(heavenly beings, ESV)보다 조금 못하게" 창조된 무수한 측면 중 하나다(시 8:5). 그런데 나중에 성육신을 통해 예수님은 물질적 몸을 입고 우리와 같이 되셨다(히 2:14). 복음서는 그리스도께서 부활한 몸을 입으셨는데(눅 24:39), 이는 신자들이 언젠가 받을 영화로운 물질적 몸과 같은 형태라고 말한다(롬 8:11, 빌 3:21, 요일 3:2). 따라서 육체적 몸을 가진 것이 본질적으로 나쁘다고 할 수는 없다. 사실, 하나님이 창조를 마무리하며 선언하셨듯이 사람의 몸을 비롯해 물질 영역은 매우 선하다.

우리는 물질적 몸을 가졌기에 자연히 물질적 필요를 갖는다. 좋은 소식은 하나님이 피조 세계 안에 인간의 물질적 필요를 채울 다양한 요소를 준비해 두셨다는 것이다. 예를 들어, 타락 전 하나님은 아담과 하와를 짐작컨대 온화한 환경에 두셨고 이들에게 나무 열매를 양식으로 주셨다(창 1:29, 2:9). 나중에 타락 후, 하나님은 이들에게 짐승의 가죽으로 옷을 지어 입히고 짐승의 고기를 양식으로 주셨다(창 3:21, 9:3). 더 깊이 생각해 보면, 하나님이 타락 후 인간의 물질적 필요를 채우는 데 필요할 자원을 타락 이전 세상에 이미 두셨다는 것은 참으로 놀랍다. 하나님의 미리 아심과 은혜에 대한 표징이 아닐 수 없다.

창조 기사에 의미심장한 부분이 하나 있다. 하나님이 모든 피조물 가운데 오직 사람에게만 직업을 주고 일하라고 명하셨다는 사실이다. 동물들에게는 땅에서 번식하고 돌아다니도록 허락하셨다. 그러나 오로지 아담에게만 분명하게 명하셨다. "생육하고 번성하라"(창 1:28). 뿐만 아니라, 하나님은 아담에게 땅을 경작하고 에덴동산을 돌보며 동물들의 이름을 지어 주는 일까지 맡기셨다(창 2:15, 19). 기억하라. 이 노동은 모두 타락 이전에 정하신 것이다. 따라서 노동은 인류를 향한 하나님의 청사진에 속했으며 본질적으로 선했다.

세상 여느 종교와 달리 기독교는 죄가 세상에 들어오기 전엔 일할 필요가 없었다거나 천국에 가면 일을 하지 않을 거라고 가르치지 않는다. 실제로 고대 사회에서 기독교의 노동관은 이상해 보였을 게 틀림없다. 로마 신들은 신적 통치자였고 그리스 신들은 철학자이자 왕이었는데 유대-기독교의 하나님은 목수였다. 우리는 일을 위한 근본 설계뿐 아니라 하나님과 사람의 본성을 이해해야 한다. 우리가 창조될 때 의도된 대로 일하는 능력, 곧 우리의 본성에 맞게 기능하며 우리의 물질적 필요를 채우기 위해 일하는 능력을 갖출 때 진정한 자유를 얻을 수 있기 때문이다.

창조 기사로 돌아가자면, 매우 의미심장한 가르침이 또 하나 있다. "하나님이 자기 형상 곧 하나님의 형상대로 사람을 창조하시되"(창 1:27). 하나님의 형상이란 개념은 복잡한 신학 문제이며, 이 책의 범위와 이 장의 초점에서 한참 벗어난다. 단, 여기서는 이 중요한 성경적 가르침의 한 부분, 곧 하나님의 형상을 가졌다는 것의 기능적 측면에 초점을 맞추겠다. 간단히 말해, 하나님은 우리를 자신의 형상으로 지으셨기 때문에 우리가 하나님처럼 행동하길 원하신다. 우리는 이 기념비적 과제를 어떻게 완수할 수 있는가?

성경은 하나님이 자신의 형상으로 사람을 지으신 후 사람에게 구체적인 두 과제를 맡기셨다고 말한다. 첫째는 생육하라, 즉 자녀를 낳아 번성하라는 것이다(창 1:28). 친숙한 본문에서 따로 떼어 생각해 보면, 번성하라는 명령이 이상해 보일 수 있다. 잠시 생각해 보라. 하나님은 아담과 하와에게 다른 많은 명령을 내리실 수 있었을 텐데 왜 하필 생육을 명하셨을까? 이들이 어쨌든 이렇게 하지 않겠는가? 이유가 무엇이었을까? 창세기를 시작하는 처음 몇 장은 하나님의 창조 사역에 대한 내용이다. 그러므로 하나님은 아담과 하와를 자신의 형상대로 지으신 후 이들에게 사실상 이렇게 말씀하신 것이다. "나의 형상을 지녀라. 나처럼 기능하여라. 창조하여라." 하나님은 창조자다. 그래서 하나님의 형상을 지닌 자들은 생육함으로써 창조 사역에 동참하라는 명령을 받은 것이다.

하나님이 아담과 하와에게 맡기신 둘째 과제는 "땅을 정복하라, 바다의 물고기와 하늘의 새와 땅에 움직이는 모든 생물을 다스리라"는 것이었다(창 1:28). 생육하라는 명령처럼, 다스리는 일도 우리가 하나님의 형상으로 창조되었다는 사실에 뿌리를 둔다. 만물의 주권자이신 하나님은 자신의 형상을 지닌 자들에게 피조 세계에 대한 지배권(또는 주권)을 자신처럼 행사하라고 명하셨다.

우리는 생육과 다스림이라는 노동의 두 영역에 참여함으로써 하나님의 형상으로 기능할 수 있다. 우리는 이렇게 하도록 설계되었다. 이는 사람들에게 만족을 주고 하나님께 영광을 돌린다. 그러나 두 과제의 범위를 자녀 출산과 권위 행사로 한정해서는 안 된다. 기본적으로 생육은 인간관계를 만들고 촉진하는 것이다. 이것이 결혼생활에서는 출산으로 나타난다. 그러나 넓게 보면, 생육은 가정과 교회와 학교와 지역사회와 정부를 비롯해 다양한 사회적 맥락에서 관계를 만들고 촉진하는 것을 수반한다. 이런 의미에서 생육하라는 의무는 문화 전반에 적용될 수 있다. 이것이 우리의 일의 한 부분이다.

기본적 의미에서 지배권 행사는 무질서한 상황에 질서를 부여하거나 목적 없는 상황에 방향을 제시하는 것 등을 말한다. 생육처럼 지배권 행사 역시 그 영향력은 범위가 넓고 문화 전반을 향한다. 인간관계와 관련해 지배권 행사는 지도자 양성, 질서 부여, 자제력 발휘 등을 아우를 것이다. 자연세계와 관련해 지배권 행사는 기반 시설 조성, 농업 개발, 가축 기르기, 교육 강화, 예술 발전 등을 비롯해 질서와 방향 제시가 필요한 무수한 맥락을 아우를 것이다. 지배권을 행사하고 생육하라는 이러한 지시를 가리켜 흔히 문화 명령이라 한다.

문화 명령을 타락한 세상에 영적으로 적용하면 그 결과 신학자들이 대위임이라 부르는 패러다임이 된다(마 28:19-20). 복음 전파는 어떤 의미에서 영적 생명을 낳는 일이다. 사람들이 거듭나기 때문이다. 이와 비슷하게 죄를 다스리고 신자의 삶의 모든 영역에 질서를 부여하는 것은 영적 성숙 또는 제자도라 할 수 있다. 그러나 복음을 전하고 제자 삼으려 수고하는 터전인 타락한 세상을 논하기 전에 일이 왜곡된 부분부터 짚어볼 필요가 있다.

일의 왜곡

지금까지 살펴보았듯, 일은 인간의 죄악이 낳은 결과가 아니라 하나님이 피조 세계를 위해 세우신 선하고 거룩한 계획의 한 부분이다. 타락은 인간의 영적 측면과 물질적 측면 모두에 영향을 미쳤다. 기본적 의미에서 죄는 우리가 하나님의 형상으로 창조되었음을 부정한다. 아이러니하게도 이것을 부정하면 반대로 하나님을 우리의 형상대로 다시 만들고자 시도하게 된다. 죄를 지을 때, 우리는 스스로를 신으로 선포하며 자신이 하나님께 의존적인 존재임을 부정한다. 뿐만 아니라 하나님의 형상을 지닌 존재에게 맡겨진 모든 책임을 벗어버리려 하는데, 여기에는 일할 의무가 포함되는 경우가 많다. 이러한 상황은 우리의 죄 때문에 물리적 환경이 저주받았다는 점에서 한층 복잡해진다. 죄와 그 저주 때문에 일하려는 의욕이 떨어질 뿐 아니라 일 자체가 더 어려워진다. 타락의 결과 중 하나는 일이 철저히 왜곡된다는 것이다.

타락한 인간의 저주받은 세계에서 일은 고역이 되기 일쑤다. 우리는 게을러지려는 경향과 씨름한다. 이러한 경향을 알기에 잠언은 6:10-11에서 이렇게 경고한다. "좀 더 자자, 좀 더 졸자, 손을 모으고 좀 더 누워 있자 하면 네 빈궁이 강도 같이 오며 네 곤핍이 군사 같이 이르리라." 그런가 하면, 우리는 과로와도 씨름한다. 과로에서 우리는 하나님이 아닌 우리 자신의 노동과 축적된 자원에 안전을 의지하고픈 유혹을 확인할 수 있다. 이번에도 잠언은 이렇게 훈계한다. "부자 되기에 애쓰지 말고 네 사사로운 지혜를 버릴지어다"(잠 23:4). 이 외에도 일이 왜곡되는 흔한 경우로, 우리 자신의 업적을 번지르르하게 포장하고 다른 사람들의 공로를 가로채고픈 유혹을 느낄 때가 있다.

기업 차원의 일도 타락한 세상에서 왜곡된다. 일터에는 윤리적 딜레마, 개인 간의 갈등, 고용주의 착취, 고객 기만, 고용자의 사취, 과대광고 등을 비롯해 사회 전반에 퍼진 숱한 노동 문제가 존재한다. 더욱이 본질적으로 악한 상업 영역이 생겼다. 애초에 죄를 조장하고 약자를 집

어삼키며 전통 사회 제도를 허물기 위해 설계된 영역인 것이다. 몇 가지 예를 들자면, 포르노그래피, 낙태, 도박, 성매매 산업이 있다. 일을 향한 하나님의 선한 계획이 죄로 왜곡된 게 분명하다.

상황이 이렇더라도 놀랄 필요는 없다. 하나님은 우리의 죄가 초래할 이러한 결과를 미리 말씀하셨다. 타락 후, 우리의 신성한 첫째 의무는 감당하기 더 어려워졌다. 이는 하나님이 하와에게 말씀하신 바와 같다. "내가 네게 임신하는 고통을 크게 더하리니 네가 수고하고 자식을 낳을 것이며 너는 남편을 원하고 남편은 너를 다스릴 것이니라"(창 3:16). 부부들은 아이를 갖느라 애를 쓰고 아이를 낳을 때 산통을 겪으며 성역할이 혼란스러워지는 것을 보면서 타락이 생육에 미친 영향을 경험한다. 이와 비슷한 도전이 결혼 제도 밖에서도 나타난다. 의미 있는 인간관계를 형성하고 유지하기가 어렵기 때문이다. 기독교 가정과 교회라고 다르지 않다.

또한 하나님은 우리가 신성한 둘째 의무를 수행할 때, 곧 세상을 다스릴 때 겪을 어려움도 말씀하셨다. 타락 후, 하나님은 아담에게 이렇게 말씀하셨다. "땅은 너로 말미암아 저주를 받고 너는 네 평생에 수고하여야 그 소산을 먹으리라 땅이 네게 가시덤불과 엉겅퀴를 낼 것이라 네가 먹을 것은 밭의 채소인즉 네가 흙으로 돌아갈 때까지 얼굴에 땀을 흘려야 먹을 것을 먹으리니 네가 그것에서 취함을 입었음이라 너는 흙이니 흙으로 돌아갈 것이니라"(창 3:17-19). 질서를 도입하고 물질 세계의 잠재력을 끌어내리려 할 때 우리는 저항에 부딪힌다. 때때로 이로 인해 일은 어려워지고 좌절을 안기며 생산성과 효율성을 잃는다. 이것이 죄가 우리의 노동에 미치는 영향이다.

이렇듯 하나님은 일하도록 우리를 지으셨으나 우리의 일은 왜곡되었다. 우리는 우리 자신의 죄악, 우리가 함께 일하는 사람들의 죄악, 창조 질서 자체를 향한 저주 등 삼중의 도전에 직면한다. 다른 여러 원인과 더불어 왜곡된 일로 인해 피조 세계는 지금도 고통 받고 있다. "피조물이 다 이제까지 함께 탄식하며 함께 고통을 겪고 있는 것을 우리가 아느니라 그뿐 아니라 또한 우리 곧 성령의 처음 익은 열매를 받은 우리까지도 속으로 탄식하여 양자 될 것 곧 우리 몸의 속량을 기다리느니라"(롬 8:22-23). 우리는 회복을 갈망한다.

일의 회복

그러나 우리에게는 희망이 있다. 바울은 인간과 피조물 둘 다 죄 때문에 탄식한다고 설명하면서 같은 단락에서 이렇게 말한다. "그 바라는 것은 피조물도 썩어짐의 종노릇 한 데서 해방되어 하나님의 자녀들의 영광의 자유에 이르는 것이니라"(롬 8:21). 구약성경과 신약성경을 더 깊이 읽어보면 알 수 있듯, 성경은 새 하늘과 새 땅을 말한다. 죄가 사라진 그곳에서 우리는 죄의 방해 없이 일하면서 하나님의 형상을 자유롭게 나타낼 것이다(시 102:25-26, 사 65:17-25, 66:22-23, 벧후 3:12-13, 계 21:1-22:5).

새 하늘과 새 땅에 대한 성경의 가르침은 참으로 아름답다. 이 가르침은 하나님의 구속 계획의 범위를 이해하는 데 도움을 주는데, 하나님의 구속 계획은 인간을 구원하고 창조 질서 전체에서 죄의 영향을 제거하는 일까지 포함한다. 실제로, 구속은 타락만큼 포괄적이다. 창조와 구속은 서로 상충하지 않는다. 예수님이 성육신하신 것은 우리를 물질 세계에서 제거하기 위해서가 아니라 우리를 죄에서 건져 하나님을 영화롭게 하고 하나님의 창조 계획에 맞게 일하도록 하기 위해서였다. 이 모든 것이 회복된 하늘과 땅이라는 맥락에서 이뤄진다.

성경이 이러한 회복에 대해 자주 말하지만, 새 하늘과 새 땅을 자세히 묘사하는 경우는 드물다. 새 하늘과 새 땅이라고 해서 원형 자체가 새롭게 창조되는 것은 아니다. 다만 구속되어 새로워진다는 의미에서 새 하늘과 새 땅이라고 한 것이다. 베드로후서 3:13과 요한계시록 21:2에서 "새"(new)로 번역된 단어는 존재 자체가 아니라 성질을 가리킨다. 이렇게 생각해 보자. 그리스도인들이 새 생명을 가졌으나 동일한 존재로 남아 있듯이, 새 하늘과 새 땅은 현재의 하늘과 땅이 새로워진 형태일 것이다. 새 하늘과 새 땅을 논하면서 베드로는 이에 대한 예시로 노아의 홍수를 인용한다(벧후 3:1-13).

성경은 또한 미래에 인간이 할 일과 관련해서도 구체적인 정보를 거의 주지 않는다. 물론 성경이 가르쳐 준 부분도 있다. 미래 세계에서 우리는 더 이상 결혼 관계 안에서 생육하지 않을 것이다. 예수님은 사두개인들에게 이렇게 가르치셨다. "사람이 죽은 자 가운데서 살아날 때에는 장가도 아니 가고 시집도 아니 가고"(막 12:25). 그러나 새 하늘과 새 땅에서 사람들은 새로운 관계를 형성하고 발전시킨다는 의미에서 비성적으로(nonsexually) 여전히 생육할 것이다. 실제로 새로운 세계는 온 인류 역사에 속한 무수한 신자를 포함할 것이다.

새 하늘과 새 땅을 다스리는 것과 관련해 성경은 우리가 피조 세계 안에서 할 일보다는 피조 세계 자체에 대해 보다 자세히 말한다. 성경은 사막에 꽃이 만발하고 나무가 우거지며 포도원이 무성하고 온갖 보석이 넘쳐나리라고 말한다(사 35:1-7, 65:21, 겔 47:7, 12, 계 2:7, 21:18-21, 22:2, 14, 19). 성경은 회복된 땅에 이리, 어린 양, 표범, 염소, 암소, 송아지, 사자, 곰, 수소, 독사, 뱀이 함께하리라고 가르친다(사 11:6-8, 65:22-25). 추측컨대, 새로운 우주에서 우리는 다른 여러 일과 함께 에덴동산에서 그러했듯 식물을 돌보고 동물과 소통하는 일을 할 것이다(사 2:4).

일의 가치

일은 인간이 살아가는 삶의 토대다. 일에 관한 하나님의 계획은 창조 때로 거슬러 올라가며, 그 실행은 영원까지 확대된다. 인간의 타락으로 일이 왜곡되었다. 그렇더라도, 어느 날 하나님이 "만물을 회복하실" 때(행 3:21) 우리는 하나님이 우리를 창조하실 때 세우신 계획에 맞게 일할 수 있을 것이다. 일은 우리의 미래에 완전해질 테지만 지금 여기서도 충분한 가치를 갖고 있다. 일에는 본질적(또는 내재적) 가치와 도구적 가치가 있다.

일의 본질적 가치란 일 자체의 선 또는 가치를 말한다. 우리는 하나님의 형상을 지녔으며, 따라서 우리가 일하는 것은 선하다. 다시 말해, 일은 우리를 향한 하나님의 계획에 부합하며, 일꾼이신 하나님을 본받는 길이다. 일이 그토록 성취감을 주는 이유가 여기에 있다. 하나님이 자신의 일을 기뻐하시듯이(창 1:31), 우리도 마침내 우리의 노동을 기뻐할 것이다. 전도서 저자는 일의 본질적 가치를 가르치면서 이렇게 말한다.

> 사람이 먹고 마시며 수고하는 것보다 그의 마음을 더 기쁘게 하는 것은 없나니 내가 이것도 본즉 하나님의 손에서 나오는 것이로다 아, 먹고 즐기는 일을 누가 나보다 더 해 보았으랴 … 그러므로 나는 사람이 자기 일에 즐거워하는 것보다 더 나은 것이 없음을 보았나니 이는 그것이 그의 몫이기 때문이라(전 2:24-25, 3:22).

이 말씀은 모든 사람에게, 특히 일을 향한 하나님의 계획을 깨닫고 그 하나님과 관계를 맺는 모든 사람에게 적용된다.

일이 성취한 업적이나 생산한 결과물에서 보듯 일에는 도구적 가치도 있다. 우리는 대개 이러한 것을 보며 일의 가치를 인식하고 가늠한다. 우리의 노동이 생산한 상품을 통해 하나님은 피조 세계의 물질적 필요를 채우신다. 즉 이를 통해 우리 자신의 필요(딛 3:14), 우리 가족의 필요(딤전 5:8), 더 나아가 우리를 둘러싼 사람들의 필요(엡 4:28)를 채우시는 것이다. 게다가 우리는 일을 통해 다른 사람들과 관계를 맺고 협력하면서 피조 세계의 잠재력을 끌어낸다. 생산물과 관계 둘 다 노동의 도구적 가치를 보여 준다.

성경은 일의 도구적 가치를 토대로 일을 장려한다. 잠언은 "손으로 모은 것은 늘어가느니라"고 가르치며(잠 13:11), 바울은 "누구든지 일하기 싫어하거든 먹지도 말게 하라"고 말한다(살후 3:10). 성경 시대에는 포도원을 가꾸고도 열매를 먹지 못할 경우 병역을 면제해 줄 만큼 일의 도구적 가치를 중시했다(신 20:6). 이와는 반대로, 일을 하고도 생산이 없거나 생산물을 누리지 못하는 것을 위협이나 저주로 여겼다(레 26:16, 신 28:30, 33, 38-42, 욥 31:8, 시 109:11, 잠 5:9-11, 렘 5:17, 미 6:15).

소명 교리

지금까지 일의 기초, 왜곡, 회복, 가치 등을 살펴보았다. 이것들을 이해했으니 논리적으로 이렇게 질문할 수 있겠다. "그렇다면 나는 무슨 일을 어떻게 해야 할까?" 이 질문에 답하려면 소명 교리를 살펴보아야 한다.

'소명'(vocation)이란 단어는 '부르다'라는 뜻을 가진 라틴어 보카레(vocare)에서 왔다. 소명 교리는 모든 사람이 다양한 일에 부름을 받는다는 개념을 갖고 있다. 소명이 꼭 구체적인 직업을 가리키는 것은 아니다. 그보다는 살면서 갖게 되는 여러 위치를 가리킨다. 그렇기에 소명이 늘 급여와 연결되는 것은 아니다. 대부분의 사람이 동시에 여러 소명을 갖는다. 예를 들면, 공무원, 회사원, 생산직 노동자, 이웃, 배우자, 룸메이트, 종교 지도자 등이 모두 소명이다.

각 소명마다 고유한 일과 권위와 책임과 의무의 영역

이 있다. 한 소명에서 허용되는 것이 다른 소명에서는 허용되지 않을 수 있다. 예를 들면, 성관계는 결혼 영역에서 배우자 사이에 허용되지만 비즈니스 영역에서 미혼 동료 사이에는 허용되지 않는다. 마찬가지로, 사형 집행이 국가의 특정 관리들에게는 허용되지만, 그 외 대다수 소명을 가진 사람들에게 사람을 죽이는 것은 부도덕하다. 더욱이 각 소명이 수반하는 의무와 권위는 구체적 영역과 연결될 뿐, 그 영역을 맡은 사람의 자격 여부에 달려 있지 않다.

하나님은 우리의 소명을 사용해 세상을 돌보고 다스리신다. 우리는 하나님이 피조 세계와 동떨어져 계신다거나 오로지 우리 안에만 계신다고 잘못 생각하기 일쑤다. 되풀이되는 삶의 패턴 안에 있다 보면, 세상이 저 혼자 돌아간다고 믿고 싶은 유혹을 받을 수 있다. 하지만 하나님은 일상 속에서 자기 백성을 통해 지금도 쉼 없이 일하신다. 하나님이 소명을 통해 일하신다는 개념은 섭리 교리와 연결된다. '섭리'(providence)라는 용어는 '공급하다'를 뜻하는 라틴어 단어에서 왔다. 하나님은 소명이라는 가면을 쓴 채 세상의 필요를 채우신다고 한 마르틴 루터의 말이 옳다.

하나님은 섭리로 세상을 섬기신다. 다시 말해, 하나님은 우리가 소명으로 하는 일을 통해 세상의 물질적 필요를 채우신다. 이러한 개념이 어떤 사람들에게는 이상하게 느껴질 것이다. 신자들은 우리 자신의 소명을 통해 하나님을 섬긴다는 개념에 익숙하다. 물론 우리가 하나님을 섬기는 것은 사실이다. 그렇더라도 하나님이 계획을 펼치셔서 우리를 섬기시는 것 역시 사실이다. 예수님은 이렇게 말씀하셨다. "인자가 온 것은 섬김을 받으려 함이 아니라 도리어 섬기려 하고 자기 목숨을 많은 사람의 대속물로 주려 함이니라"(마 20:28). "나는 섬기는 자로 너희 중에 있노라"(눅 22:27). 감사하게도 하나님이 소명을 사용해 우리의 필요를 채우시는 일은 우리의 동의 여부에 달려 있지 않다. 하나님은 순전히 이익을 얻으려는 마음밖에 없는 사업자를 사용해서라도 직원들을 고용하고 지역사회에 상품을 공급하실 수 있다. 이렇게 하나님은 섭리로 인간을 돌보신다.

또한 소명을 우리의 이웃을 사랑하고 섬기는 수단으로 생각할 수 있다. 한 사회에 존재하는 다양한 소명은 방

대한 상호작용을 만들어내며, 세분화된 노동을 통해 사람들은 서로에게 필요한 것을 끊임없이 주고받는다. 이러한 소명의 상호작용(우리는 이것을 경제라 한다)은 사회 구조의 기본 요소다. 물론, 모든 소명이 타인을 향한 사랑과 섬김을 수반하지는 않는다. 만약 공급자들과 청부살인업자들과 사기꾼들이 하는 일은 이웃을 돕는 게 아니라 이웃에게 해를 끼친다. 또한 섬기는 소명 내에서 죄를 짓는 것도 가능하다. 예를 들면, 섬기기보다 착취하는 정치인이나 치료하기보다 죽이는 의사들이 그러하다. 그러나 하나님이 뜻하신 대로 수행할 때 소명은 이웃을 향한 사랑과 섬김을 수반한다.

그래서 우리는 앞서 했던 질문으로 돌아가야 한다. "나는 무슨 일을 어떻게 해야 할까?" 이 질문에 답할 때 고려해야 할 게 있다. 우리 각 사람은 삶의 서로 다른 영역에서 동시에 성취해야 할 여러 소명을 갖는다. 추구해야 할 일의 구체적 유형에 따라 우리는 영적 은사, 달란트, 경험, 준비, 지도를 받을 기회 같은 요소를 고려해야 한다. 우리는 이러한 여러 요소를 가능한 한 많이 고려해 이웃을 사랑하고 섬겨야 한다. 훌륭한 노동은 하나님이 지으신 세상의 필요를 채우는 수단이다.

한 걸음 더

하나님은 물질 세계에서 일하도록 우리를 지으셨다. 이러한 하나님의 계획은 죄가 존재함에도 불구하고 지속된다. 우리의 일을 통해 하나님은 우리의 물질적 필요뿐 아니라 이웃의 필요도 채우신다. 이처럼 우리의 일은 바람직하지만, 성경에 따르면 우리가 하루 온종일, 매일매일 일하는 것은 하나님의 계획이 아니다. 하나님은 우리가 일하도록 계획하셨을 뿐만 아니라 우리가 쉬도록 계획하셨다. 이제 다음 장에서 안식이라는 주제를 살펴보겠다.

핵심 내용

- 일할 수 있는 자들은 자신과 가족의 필요를 채우기 위해 일해야 한다. 이것은 인류를 향한 하나님의 선한 계획이다.
- 성경은 서비스를 기반으로 하는 직업이나 지식을 기반으로 하는 직업 중 어느 한쪽을 선호하지 않을 뿐더러 소위 세속적인 직업과 성스러운 직업을 구

분하지 않는다.
- 일과 생육은 인간이 물질 세계에서 하나님의 형상을 지니는 두 방식이다. 두 의무를 가리켜 흔히 문화명령이라 한다.
- 일은 본질적 가치(하나님의 창조계획에서 볼 수 있음)와 도구적 가치(생산 활동에서 볼 수 있음)를 갖는다.
- 모든 사람은 각자의 소명을 갖고 일하도록 부름을 받는다. 소명을 통해 하나님은 세상의 필요를 채우시고 사람들은 이웃을 사랑하고 섬길 수 있다.

묻고 답하기

- 자신이 꿈의 직업이라 생각했던 직업을 가진 적이 있는가? 왜 그 직업이 꿈의 직업이라고 생각했는가?
- 일에는 어떤 의미가 있는가? 자신의 일에서 성공을 가늠하는 기준은 무엇인가?
- 일은 영적 영역과 어떻게 연결되는가?

3. 쉼과 안식일

쉼과 안식일. 당신은 두 개념을 어떻게 생각하는가? 많은 그리스도인이 안식일하면 안식일에 할 수 있는 것과 할 수 없는 것에 관한 골치 아픈 질문들을 떠올린다. 이를 테면, 안식일에 외식하고 식당 직원에게 서빙을 받아도 괜찮은가? 또는 안식일에 집안일을 하거나 정원을 가꾸어도 괜찮은가? 그리고 언제가 안식일인가? 토요일인가 아니면 일요일인가? 많은 그리스도인이 성경에서 안식일이 중요한 주제라는 데 동의하면서도 제대로 된 안식일의 의미는 잘 알지 못한다. 심지어 어떤 사람들은 나머지 계명에는 전부 고개를 끄덕이면서도 안식일과 관련된 도덕법은 외면하고 싶어 하는 것 같다. 그러나 쉼은 물질 세계에서 사는 삶에 큰 부분을 차지하는 요소다.

앞에서 살펴보았듯 우리는 본래 쉼을 사랑한다. 우리는 때로 쉼을 너무나 사랑해 주말과 휴가와 은퇴 등을 우상화한다. 그 결과, 일에 대해 오해하거나 심지어 악의 세력으로 여기기 쉽다. 그러나 일을 제대로 알면, 일이 우리를 향한 하나님의 계획임을 깨닫고 기쁘게 받아들일 것이다. 이와 비슷하게 쉼과 안식일에 대해서도 우상화해서도, 두려워해서도 안 된다. 쉼과 안식일도 우리를 향한 하나님의 창조 계획의 일부다. 노동과 마찬가지로 쉼도 인간이 하나님의 형상으로 기능하는 한 방식이다. 사실 출애굽기에서 십계명을 처음 주실 때, 하나님은 하나님 자신의 쉼이야말로 하나님의 백성이 쉬어야 할 근거이자 닮아야 할 본임을 제시하셨다(출 20:8-11을 보라).

우리가 물질 세계에 살고 있기에 우리의 모든 행위는 일이나 쉼을 포함한다. 따라서 쉼과 안식의 개념을 파악하는 게 중요하다. 먼저 십계명 중 넷째 계명, 곧 안식일 준수라는 렌즈를 통해 쉼과 안식을 들여다보겠다. 그런 후, 하나님이 구약성경에서 자신의 백성에게 주신 부와 가난에 관한 율법들로 눈을 돌리겠다. 앞으로 확인하겠지만, 쉼과 안식일은 하나님이 경제와 관련해 주신 많은 율법의 기초다.

제4계명

넷째 계명은 십계명 중 분량이 가장 긴 계명으로, 출애굽기 20:8-11에 처음 나오고 신명기 5:12-15에 반복된다. 요약하자면 "안식일을 기억하여 거룩하게 지키라"는 것이다(출 20:8). 이 율법은 십계명 중에 긍정문 형식으로 표현된 첫 계명이자 긍정문 형식으로 표현된 두 계명 중 하나다. (나머지 하나는 제5계명이다.) 긍정문 형식으로 표현되었다는 것은 넷째 계명에는 "… 하지 말라"는 표현이 없다는 뜻이다. 이 도덕법에서 하나님은 율법으로 우리의 행복을 막으시려는 게 아니다. 오히려 하나님은 자신의 형상을 드러내도록 힘을 북돋아 주고 계신다.

넷째 계명과 관련해 중요한 면이 또 하나 있다. 십계명 중 넷째 계명만이 출애굽기와 신명기에서 다르다는 것이다. 물론, 내용이 다른 게 아니라 하나님이 이 계명을 지키도록 부여하시는 동기가 다르다. 출애굽기에서 넷째 계명의 뿌리는 하나님이 창조를 마치고 쉬셨다는 데 있다. 반면 신명기에서 넷째 계명은 하나님이 이스라엘을 애굽의 종살이에서 구속하셨다는 사실과 연결된다. 쉼과 구속 사이의 연결 관계는 이 계명을 이해하고 적용하는 데 중요하다.

신자들이 안식일 계명을 자신의 일상에 어떻게 적용해야 할지 확신하지 못할 때가 많다. 넷째 계명에 대한 해석이 일치하지 않는 것은 대개 안식일 개념 정의와 관련되어 있다. 어떤 그리스도인들은 안식일을 지켜야 한다고 단언한다. 어떤 그리스도인들은 안식일 준수가 율법주의에 해당하며 그리스도인의 자유를 빼앗는다고 믿는다. 그러나 안식일이 영원한 도덕법의 일부라면, 안식일을 지키는 것(또는 안식일을 범하는 것)은 십계명의 다른 어느 계명을 지키는 것(범하는 것)만큼이나 중요하다. 따라서 안식일을 제대로 이해하는 게 중요하다. 그러려면 먼저 안식일을 정의하고 뒤이어 안식일 개념의 일시적 성격과 영원한 성격을 분별해 보자.

안식일 정의하기

흥미롭게도 '안식일'(Sabbath)이란 용어의 일차적 의미는 많은 사람의 생각과 달리 '일곱'이 아니라 '쉼'에 있다. 안식일이란 단어는 "노동을 쉬거나 그치다"를 뜻하는 히브리어 동사에서 왔다. 넷째 계명은 칠 일마다 안식일로 쉬어야 한다고 구체적으로 명시한다. 하나님이 창조 일곱째 날 쉬셨기에 안식일에 해당하는 히브리어 단어가 한 주의 일곱째 날뿐 아니라 숫자 7을 표시하는 단어로 자리 잡게 된 것이다. 그렇기에 성경에서 쉼과 안식일 개념은 거의 구분하기 어렵다.

구약 시대에는 안식일을 지켜야 한다는 개념, 즉 예배를 위해 정기적으로 쉬어야 한다는 개념이 백성들의 삶에 깊이 뿌리내렸다. 모든 유대 문화와 제도 역시 매주 안식일을 준수한다는 점을 분명히 했다. 이 쉼의 날은 넷째 계명뿐 아니라 출애굽기 23:12과 레위기 23:3 같은 구절에도 언급된다. 안식일 개념은 7년마다 지켜야 하는 안식년에서도 나타났다(출 23:10-11, 레 25:1-7, 신 15:1-11). 뿐만 아니라 희년 제도에서도 확인할 수 있는데(레 25:8-55, 27:16-25), 희년은 특별히 50년마다, 안식년 주기가 일곱

번 지난 후 지켜야 했다. 안식일 개념이 이렇듯 공적으로 드러나는 부분에 대해서는 이 장 끝부분에서 다시 살펴보겠다.

그러나 여전히 질문이 남는다. 안식일은 하나님의 도덕법 중에서 영원한 가치가 있는가? 성경은 안식일의 일시성을 지지하는가 아니면 안식일의 영원성을 지지하는가? 성경을 살펴보면, 안식일 준수가 하나님의 영원한 도덕법을 구성하는 요소임을 지지하는 여러 증거를 찾을 수 있다.

영원한 안식일

성경은 창세기 2:1-3의 창조 기사에서 일곱째 날의 안식을 처음 언급한다.

> 천지와 만물이 다 이루어지니라 하나님이 그가 하시던 일을 일곱째 날에 마치시니 그가 하시던 모든 일을 그치고 일곱째 날에 안식하시니라 하나님이 그 일곱째 날을 복되게 하사 거룩하게 하셨으니 이는 하나님이 그 창조하시며 만드시던 모든 일을 마치시고 그 날에 안식하셨음이니라.

하나님은 피곤해 하시지도 않고 주무시지도 않는다고 성경이 가르침에도 불구하고(시 121:4, 사 40:28) 흥미롭게도 하나님은 쉬셨다. 이 구절을 더 세밀하게 살펴보자.

출애굽기 20:8-11에서 넷째 계명은, 창조하실 때 하나님이 쉬시면서 일곱째 날을 거룩하게 하셨다는 말씀을 토대로(창 2:1-3) 사람 역시 안식일을 지켜야 한다고 강조한다. 이렇듯 넷째 계명이 창조에 기초한다는 사실이 중요하다. 타락 전에 하나님이 자신의 본보기를 하나의 패턴으로 제시하신 것이기 때문이다. 앞서 우리가 하나님의 형상을 지녔다는 사실을 살펴보았다. 이를 토대로 안식일을 지켜야 하는 이유를 이렇게 표현할 수 있겠다. "하나님이 사람을 자신의 형상대로 짓고 쉬셨기 때문에 하나님의 형상을 지닌 우리도 쉬어야 한다." 따라서 안식일을 지킬 때, 사람은 하나님의 형상으로 기능할 수 있다. 안식일 준수는 하나님이 제시하신 패턴이자 우리가 하나님의 형상으로 기능하는 수단이다. 그러므로 우리는 이 관례가 영원히 가치 있으며 실제적으로 필요하고 각 개인에게 만족감을 준다고 믿는다.

흥미롭게도 성경에서 하나님이 축복하신 비인격적 대

상으로 안식일이 유일하다. 창세기 2:1-3을 보면 이 복이 일시적이라든가, 당시엔 존재하지도 않았던 이스라엘 민족에게만 적용된다는 암시를 찾을 수 없다. 반대로, 창조 사건이 넷째 계명의 근거라는 사실은, 하나님의 안식이 모든 인간에게 적용되는 본보기라는 결론으로 이어진다. 하나님이 안식일을 준수하신 것은 이 부분에서 첫 열매였던 것이다. 하나님은 일곱째 날에 쉬시고 또 이 날에 복 주심으로써 세상이 대대로 따를 수 있는 패턴을 제시하셨다.

창조 때부터 사람이 매주 일곱째 날을 지켰다는 점도 안식일의 영속성을 뒷받침한다. 성경은 칠 일로 구성된 이러한 단위를 거듭 언급한다(예를 들면, 창 7:4, 10, 8:10, 12, 29:27, 31:23, 50:10). 우리 역시 칠 일로 구성된 한 주를 살아가고 있는 탓에 이 사실이 그리 특별하게 느껴지지 않을 것이다. 하지만 이것은 하나님이 정하신 패턴이며, 안식일, 곧 하나님이 복을 주고 거룩하게 하신 날을 포함하는 패턴이다(창 2:3).

가인과 아벨이 "세월이 지난 후에"(in the course of time, 창 4:3) 제사를 드렸다는 것도 안식일이 영원한 도덕법의 일부라는 것을 뒷받침한다.『영의 직역 성경』(Young's Literal Translation)에 따르면, 이 히브리어 어구는 "날들의 끝에"(at the end of days)로 옮길 수 있는데, "어떤 날들의 끝인가?"라는 의문이 든다. 논리적으로 결론을 내리자면, 가인과 아벨은 한 주의 끝에, 다시 말해 나중에 안식일로 알려진 날에 제사를 드림으로써 하나님을 예배했던 것이다. 그러므로 인간은 정기적이며 주 단위로 돌아가는 쉼과 예배의 시간을 늘 지켜 온 것으로 보인다(욥 1:5과 2:13을 보라).

안식일 준수가 영원히 유효한 개념이라는 최고의 증거는 출애굽기 16:20-23일 것이다. 여기서 하나님은 광야에서 만나를 모으라고 모세에게 명하신다. 시내산에서 십계명을 주시기 전이었다. 이 단락에서 하나님이 모세에게 말씀하신다. "볼지어다 여호와가 너희에게 안식일을 줌으로 여섯째 날에는 이틀 양식을 너희에게 주는 것이니 너희는 각기 처소에 있고 일곱째 날에는 아무도 그의 처소에서 나오지 말지니라"(출 16:29). 하나님이 안식일을 세세하게 설명하지 않으신다는 데 주목하라. 모세는 안식일 개념에 익숙했다. 이미 안식일 개념에 익숙했기에 하나님은 넷째 계명을 주시면서 "안식일을 기억하라"고 말씀하신 것이다(출 20:8). 그들이 이 관습을 이미 알고 있었던 것이다.

안식일이 갖고 있는 영속성과 도덕성은 예수님의 삶과 가르침에서도 볼 수 있다. 복음서는 예수님이 안식일을 충실하게 지키셨으며 스스로 "안식일의 주인"이라고 선언하기까지 하셨다고 말한다(마 12:8, 눅 6:5). 예수님이 재판받으실 때 안식일을 어기셨다는 고발은 제기되지 않았지만 예수님의 사역 기간 동안 종교 지도자들은 안식일을 어겼다며 예수님을 거듭 비난했다. 그때마다 예수님은 자신과 제자들의 행동에 문제가 있는 게 아니라, 종교 지도자들이 안식일을 오해한 데 문제가 있다고 맞서셨다(다음을 보라. 마 12:1-13, 막 2:23-3:5, 눅 6:1-10). 내가 믿기로, 현대 교회의 많은 이들 또한 안식일을 오해하고 있으며, 이러한 오해는 이들의 반대로 이어질 때가 많다.

예수님은 종교 지도자들과 여러 차례 충돌하셨는데, 마가복음 2:23-28에 기록되었듯 그 중 한 장면에서 안식일에 관해 더없이 중요한 말씀을 하셨다. 이 장면에서, 예수님은 이렇게 선언하셨다. "안식일이 사람을 위하여 있는 것이요 사람이 안식일을 위하여 있는 것이 아니니"(막 2:27). 그러므로 안식일을 어겼다고 비난받으실 때, 예수님은 안식일을 지키지 말라고 가르치신 게 아니라 안식일이 선하다고 단언하셨다. 안식일은 하나님이 사람을 위해 만드신 날이라는 것이다. 히브리서 저자는 안식일의 의미에 관한 예수님의 가르침을 지지하며 이렇게 말한다. "그런즉 안식할 때가 하나님의 백성에게 남아 있도다"(히 4:9). 물론, 안식일 준수가 인간을 향한 하나님의 계획과 일치하며 우리가 하나님의 형상으로 기능하는 수단이라면, 이러한 가르침은 당연하다.

주목해야 할 게 있다. 구약 선지자들이 새 하늘과 새 땅이라는 맥락에서 안식일을 언급한다는 점이다. 예를 들면, 이사야는 이렇게 예언한다.

내가 지을 새 하늘과 새 땅이

내 앞에 항상 있는 것 같이

너희 자손과 너희 이름이 항상 있으리라

여호와의 말이니라

여호와가 말하노라

매월 초하루와 매 안식일에

모든 혈육이 내 앞에 나아와 예배하리라

(사 66:22-23, 겔 46:1-12과 마 24:20도 보라).

안식일은 하나님의 창조 계획에 속하고 도덕법에 포함되며 새 땅에서도 영원히 지킬 것이다. 그렇다면 하나님은 안식일이 지금 우리에게도 유효하도록 계획하신 것 같다.

어떤 사람들은 안식일이 하나님의 영원한 도덕법에 속하지 않는다고 주장하면서 로마서 14:5, 갈라디아서 4:9-11, 골로새서 2:16-17 같은 구절을 근거로 든다. 그러나 맥락을 보면 알 수 있듯, 이 구절들은 하나님의 도덕법이 아니라 유대 시민법과 의식법을 가리키는 게 분명해 보인다. 각 본문에서 바울은 유대주의자로 알려진 한 무리의 거짓 선생들과 맞선다. 이 거짓 선생들은 유대 시민법과 의식법을 교회에 부가하려 애쓰면서 행위에 기초한 구원을 주장했다. 바울은 유대 시민법과 의식법이 그리스도인들에게 성화의 수단으로 적용되지 않는다고 가르친다. 사도행전 15:1-29에 나오듯이 그의 가르침은 최초의 교회 공의회에서 확정되었다.

제대로 정의하면, 안식일은 근본적으로 쉼에 관한 것이며 영원히 유효한 개념이다. 그러나 명심해야 한다. 쉼은 아무것도 하지 않는다는 말이 아니다. 누군가 아무것도 하지 않는다면, 몸이 불편해 움직일 수 없는 경우이거나 죄에 빠져 게으른 경우일 것이다. 이것은 넷째 계명이 규정하는 쉼이 아니다. 안식일 계명은 쉼을 거룩 및 예배와 연결한다. 이 도덕법에서 하나님은 자기 백성에게 "안식일을 … 거룩하게 지키라"고 명하셨다(출 20:8, 신 5:12). 이 계명의 실제적 측면들을 더 깊이 탐구해 보자.

안식일 지키기

지금껏 살펴보았듯이, 넷째 계명은 하나님의 영원한 도덕법이며 우리에게 일종의 거룩한 쉼과 예배를 요구한다. 이제 안식일이 일상에 어떻게 적용되고 나타나는지 살펴볼 차례다. 출애굽기 기사에서 넷째 계명은 하나님의 쉼에 근거하는 것으로(출 20:11), 신명기 기사에서는 하나님이 이스라엘을 애굽의 종살이에서 구속하신 사건에 근거하는 것으로 묘사되었다(신 5:15). 안식일을 이러한 요소들과 연결하면서 하나님은 하나님의 약속과 백성들의 정체성을 일깨우셨다. 여기서 하나님의 약속은 그리스도 안에 있는 영원한 생명(또는 쉼)이며, 제자들의 정체성은 죄의 속박에서 구속받은 자들이라는 것이다.

안식일은 이스라엘에게 적용되면서 메시아가 오심으로 성취되리라 약속된 영원한 쉼(안식)과 구속을 보여 주었다. 따라서 하나님의 백성은 자신들이 누구이며 누구에게 속했는지 스스로에게 일깨우고 세상에 보여 주는 도구로서 안식일을 지켜야 했다. 안식일은 이들의 미래 소망이 무엇이며(영원한 쉼/안식), 이것을 어떻게 얻는지(하나님 안에서 안식함으로써, 다시 말해 하나님을 믿음으로써) 실제적으로 보여주었다. 하나님은 모세를 통해 이스라엘에게 말씀하셨다. "안식일을 지키라. 이는 나와 너희 사이에 너희 대대의 표징이니 나는 너희를 거룩하게 하는 여호와인 줄 너희가 알게 함이라"(출 31:13, 사 56:4-7을 보라). 더욱이 하나님은 에스겔 선지자를 통해 선언하셨다. "내가 그들을 거룩하게 하는 여호와인 줄 알게 하려고 내 안식일을 주어 그들과 나 사이에 표징을 삼았노라"(겔 20:12).

비슷한 방식으로 그리스도인들에게 안식일은 구속의

표징이며, 우리가 구원받을 때 예수님에게서 받은 영원한 쉼을 드러낸다. 구약에서 이스라엘에게 그러했듯이, 안식일은 피로 산 죄인이라는 우리의 정체성을 일깨우고, 우리가 그분 안에서 영원한 쉼을 얻으리라는 하나님의 약속을 일깨운다. 죄인인 우리는 이 중요한 진리를 잊기 쉽다. 그렇기에 은혜로우신 하나님은 우리에게 안식일을 주셔서 우리가 복음의 의미와 범위를 잊지 않게 하셨다.

이 도덕법의 모든 요소는 넓은 의미로도, 구체적인 의미로도 적용된다. 넓은 의미에서 그리스도인들은 걱정하거나 염려하지 말고 주님을 바라고 신뢰하고 주님 안에서 안식함으로 온종일, 날마다 안식일을 지켜야 한다. 이것이 예수님이 다음과 같이 말씀하실 때 가르치신 교훈이다.

그러므로 염려하여 이르기를 무엇을 먹을까 무엇을 마실까 무엇을 입을까 하지 말라 이는 다 이방인들이 구하는 것이라 너희 하늘 아버지께서 이 모든 것이 너희에게 있어야 할 줄을 아시느니라 그런즉 너희는 먼저 그의 나라와 그의 의를 구하라 그리하면 이 모든 것을 너희에게 더하시리라 그러므로 내일 일을 위하여 염려하지 말라 내일 일은 내일이 염려할 것이요 한 날의 괴로움은 그 날로 족하니라(마 6:31-34, 마 11:28-30도 보라).

구체적 의미에서 넷째 계명은 신자들에게 정기적으로 예배하는 날을, 곧 그리스도인들이 역사적으로 '주일'로 불러 온 날을 지키라고 요구한다(시 118:24을 보라). 이 날은 하나님의 백성이 함께 모여 하나님 안에서 쉬고 그분을 예배하며 그분이 베푸시는 구속에 감사할 수 있는 날이어야 한다(히 10:25을 보라). 단, 이렇게 구체적인 의미에서 안식일을 지키는 일이 율법주의적인 짐이 되어선 안 된다. 안식일에 해도 될 일과 해선 안 되는 일 목록을 들이밀어선 안 된다는 것이다. 그보다 안식일은 기쁨의 축제이자 복이어야 한다. 안식일은 우리에게 짐을 내려놓고 쉬며 함께 모여 하나님의 형상으로 기능할 기회를 주기 때문이다. 이런 이유로 하나님은 자기 백성에게 명하신다. "안식일을 일컬어 즐거운 날이라, 여호와의 성일을 존귀한 날이라 하라"(사 58:13).

예수님은 (구체적인 의미에서의) 안식일 준수에 대한 이상적인 본을 제시하셨다. 복음서에 나오듯 예수님은 안식일에 회당에 가서 성경을 가르치고 병자를 고치며 제자들과 교제하셨다(마 12:1-13, 막 1:21-34, 2:23-28, 6:1-11, 눅 4:16-30, 6:6-10, 13:10-17). 오늘날 신자로서 우리도 예배하고 섬기며 자비를 베풀고 교제하는 일에 참여함으로써 안식일을 지켜 그리스도를 본받아야 한다.

이 도덕법의 다른 측면들이 그러하듯이, 안식일을 지킬 때 실제적인 유익을 얻을 수 있다. 일을 내려놓고 쉴 때 비로소 일은 우리 안전의 궁극적 근원이 되지 못하며 하나님을 의지하고 예배할 기회가 생긴다. 더욱이, 일을 내려놓고 쉬면 우리의 노동이 생산한 것을 누릴 수 있으며(전 2:17-26을 보라) 일을 고역으로 바꿔놓은 타락의 영향을 줄일 수 있다(창 3:19을 보라). 우리에게 유익을 줄 뿐 아니라 복음을 중심에 둔 안식일을 지키는 것을 수고스러운 의무로 여겨선 안 된다. 오히려 십자가를 통해 가능해진 영원한 쉼과 구속을 깊이 생각하고 누리려는 마음이 자연스럽게 일어나야 한다.

토요일인가 아니면 일요일인가?

구체적인 의미에서 안식일을 지키고자 한다면, 정확히 어떤 날을 지켜야 하는지 질문해야 한다. 실제로, 이 중요한 질문에 답하려면 안식일이 무엇을 수반하고 (구체적 의미에서) 언제 안식일을 지켜야 하는지 알아야 한다. 구약 시대에 이스라엘은 한 주의 일곱째 날, 곧 토요일을 안식일로 지켰던 게 분명하다. 신약 시대에 초기 교회는 안식일로 지키는 날을 한 주의 첫날, 곧 일요일로 옮겼다. 예를 들어, 누가는 다소의 교회가 "그 주간의 첫날에" 모여 떡을 떼고 바울의 설교를 들었다고 말한다(행 20:7). 이와 비슷하게 바울은 고린도 교회에게 이렇게 지시한다. "매주 첫날에 너희 각 사람이 수입에 따라 모아 두어서 내가 갈 때에 연보를 하지 않게 하라"(고전 16:2). 요한은 일요일을 "주의 날"이라 일컫는다(계 1:10, 시 118:24을 보라). 초기 교회가 쉬고 예배한 날은 일요일이었다. 하지만 왜 안식일로 지키는 날이 바뀌었는가?

초기 교회가 안식일로 지키는 날을 토요일에서 일요일로 바꾼 요인 중 하나로 많은 초기 회심자들이 지키던 유대 전통을 꼽을 수 있다. 유대인의 안식일은 종교 의식이

자 문화 행사였고, 따라서 많은 초기 유대인 그리스도인들은 문화적 의미에서 안식일을 계속 준수하길 원했을 것이다. 그리스도인들은 일요일에 모여 예배했기 때문에 유대인 그리스도인들은 토요일을 안식일로 보내는 데 어려움을 겪지 않았을 것이다. 그렇게 기독교 예배 의식과 유대 문화 사이의 불필요한 긴장을 피했던 것이다.

초기 교회가 안식일로 지키는 날을 주일로 옮기는 데 여러 문화적, 논리적 요소가 작용했겠지만 주된 원인은 예수님이 부활 후 나타나셨다고 기록된 날이 모두 일요일이었기 때문이다(다음을 보라. 마 28:9-10, 막 16:12-14, 눅 24:13-51, 요 20:11-23, 26-29, 계 1:9-20). 초기 교회 성도들은 예수님이 반복해서 모습을 보이신 날에 예배를 드리는 것을 꽤 합리적으로 여겼을 것이다. 게다가 약속된 성령님 역시 오순절 주일에 강림하셨다(레 23:15-16과 행 2:1-4을 보라). 이러한 여러 요소에 비춰볼 때, 그리고 안식일이 특정한 날을 의미하는 것이 아니라 하나의 생활 방식이자 사건임을 깨달았기에, 초기 교회는 안식일로 지키는 날을 옮기는 데 별다른 거리낌이 없었을 것이다.

안식일의 형태

안식일을 더 잘 알고 지키려면 하나님이 이스라엘에게 안식일을 지키라고 명하신 맥락을 살펴보는 게 도움이 되겠다. 구약성경에는 유대 사회의 모든 영역에 질서를 부여하고자 고안된 숱한 규정이 등장한다. 시민법은 변하지 않는 도덕법을 특정 시대 문화에 맞게 적용한 것으로, 어느 나라에서든 시민법은 그 법이 주어진 상황에서만 적용된다. 예를 들면, 현 시대에서 과속금지법이 타당한 이유는 이것이 여섯째 계명, 곧 살인을 금하는 도덕법, 반대로 말하면 인간의 생명을 존중하라고 촉구하는 도덕법을 우리 시대와 정황에 적용한 것이기 때문이다.

안식일과 관련된 도덕법이 노동으로부터의 휴식을 강조하다 보니, 시민 사회에 적용될 때 자연히 경제와 관련된 사회법으로 이어진다. 사실, 구약성경에는 이스라엘 백성의 경제생활과 관련된 숱한 규정이 나오는데, 그 중 대다수는 (이런저런 형태로) 안식일 규정과 연결된다. 히브리 문화와 시민법에서 안식일은 다음 세 가지 형태로 나타난다. 안식일(다음을 보라. 출 20:8-11, 23:12, 레 23:3, 신 5:12-15), 안식년(다음을 보라. 출 23:10-11, 레 25:1-7, 신 15:1-18), 희년(다음을 보라. 레 25:8-55, 27:16-25).

안식일

안식일은 본질적으로 넷째 계명을 직접 적용한 것이었다. 안식일에 관한 시민법은 매 칠 일마다 하루씩 사람뿐 아니라 가축까지 일반적 노동을 그쳐야 한다고 규정했다. 안식일은 이스라엘 백성과 이들의 종과 가축에게 쉼을 주었다. 장시간의 쉼은 아니었지만, 이는 백성에게 안식일을 각인시켰고 이들이 하나님의 형상으로 기능하게 해 주었다. 유월절, 무교절, 초실절, 칠칠절, 나팔절, 초막절, 속죄일을 비롯해 유대인의 주요 축일과 절기는 모두 안식일에 지켰다(레 23장과 민 28-29장을 보라).

안식년

안식년은 7년마다 지켜야 했으며, 이스라엘 백성과 이들의 종과 가축에게 쉼을 주었다는 점에서 안식일과 비슷했다. 그러나 안식년은 여러 면에서 특별했다. 첫째, 안식년은 한 해 내내 경작지에 휴식을 주었다. 시민법은 이에 관해 구체적으로 명시했다. 안식년에는 경작지를 놀리고 사람과 가축은 저절로 자란 것을 먹어야 했다(출 23:11과 레 25:5-7을 보라). 안식년이 안식일보다 폭넓은 쉼을 주었던 게 분명하다.

안식년의 둘째 특징은 유대인 형제들 간에 진 빚을 모두 면제해 주어야 했다는 것이다. 다만 외국인에게는 적용되지 않았다. 이렇게 규정한 이유가 신명기 15:2에 나온다. 이는 "주님께서 면제를 선포하였기 때문"이다(새번역, 신 15:1-6을 보라). 이러한 빚 면제가 미지급 금액의 완전한 탕감이었는지, 아니면 일시적 유예였는지를 두고 학자들 사이에 논쟁이 있다. 어느 쪽이든 이 규정은 신명기 5:15에 나오는 안식일 준수에 대한 동기를 확대하는 역할을 한다. 다시 말해, 하나님이 우리를 죄의 속박에서 자유케 해 주셨듯 우리 역시 서로를 자유롭게 해 주는 것이다. 안식년의 시민법을 우리 시대에 적용할 수는 없겠지만, 우리의 경제 거래에도 복음은 투영되어야 한다.

성경에는 유대인들이 안식년을 지켰다는 구체적 기록이 없다. 그래서 이스라엘에서 실제로 안식년이 지켜졌는지를 두고 논쟁이 벌어지고 있다. 역대하 36:21에 나오듯, 유대인들이 레위기 26:34-35에 기록된 하나님의 경고를 무시하고 안식년을 소홀히 한 기간에 따라 바벨론 포로생활의 길이가 결정되었다. 이스라엘은 바벨론에서 70년 동안 잡혀 있었는데(렘 25:12과 29:10을 보라), 이는 이들이 앞서 490년간 안식년을 지키지 않았기 때문일 것이다. 이스라엘이 (영적으로, 그리고 실제적으로) 하나님 안에서 쉬지 못한 결과 바벨론에서 (영적으로, 그리고 실제적으로) 속박된 것은 우연이 아니다.

희년

희년은 50년마다, 즉 안식년 주기가 일곱 번 지난 후 지켜야 했다. 희년에는 한 해 내내 안식일을 기념해야 했으며, 사람과 가축과 경작지 모두 노동을 그치고 "그 땅에 있는 모든 주민을 위하여 자유를 공포"해야 했다(레 25:10). '희년'이란 용어는 '기쁨의 외침'을 뜻하는 히브리어 단어에서 왔다. 따라서 희년은 오실 메시아 안에 약속된 자유 가운데 쉬며 기뻐하는 시간이었다. 그리고 이 자유는 일로부터의 자유가 아니라 죄로부터의 자유, 곧 경제적 속박과 종살이를 비롯해 타락한 세상에 드러나는 온갖 죄로부터의 자유를 의미했다.

안식년에는 사람과 가축이 땅에서 저절로 자란 것을 먹어야 했다. 이와 달리, 희년에는 하나님이 넘치게 공급하신 것을 먹어야 했다(레 25:11, 19). 희년을 2년 앞둔 해에 하나님은 3년을 지내기에 충분한 수확을 주어 사람과 가축과 땅이 온전히 쉬게 하겠다고 약속하셨다(레 25:20-22). 한 해의 수확이 일곱째 안식년과 희년과 그 이듬해(새로운 희년 주기의 첫 해)에 필요한 양식을 공급하고, 이 마지막 해에 2년을 묵혔던 땅을 갈고 작물을 심을 터였다.

희년에 관한 구체적인 율법은 세 범주로 나눌 수 있다. 첫째는 땅의 구속과 연관된다(레 25:8-28). 시민법은 지난 희년 이후 팔린 땅을 모두 원 소유주에게 돌려주어야 한다고 구체적으로 명시했다(레 25:13). 이것은 안식년의 경우와 달리 빚의 면제가 아니라 채무 기간의 만료를 의미했다. 이스라엘에서는 땅을 영구적으로 팔 수 없었다. 땅은 사실상 다음 희년까지 남은 햇수에 따라 빌려줄 뿐이었다(레 25:14-16을 보라). 토지 거래를 통해 오가는 돈은 사실상 땅값이 아니라 그 땅에서 얻을 소출의 값이었다. 이것은 사람이 하나님의 땅의 소유주가 아니라 청지기라는 개념을 강화해 주었다.

희년과 관련된 율법의 둘째 범주는 가옥의 구속과 연관된다. 레위기 25:29-34에 따르면, 성 밖에 자리한 가옥들은 희년에 원 소유주에게 돌려주어야 했던 반면(레 25:31), 성 안 마을이나 도시의 가옥들은 영구히 팔 수 있었다(레 25:29-30). 농지가 원 소유주에게 되돌아갔기 때문에 거기 딸린 가옥들도 원 소유주에게 돌아갔다. 당연히 이런 의문이 든다. 성 안에 자리한 가옥은 왜 영구히 팔 수 있었을까? 안식년이 희년의 토대라는 점을 고려할 때, 이렇게 이해하면 어떻겠는가? 성 안에 자리한 마을들은 그리스도 안에서 얻을 수 있는 쉼과 안전을 상징하는 실례였던 것이다. 일단 건설을 마치고 나면, 마을과 도시에 자리한 가정들의 청지기직은 구원처럼 영구했다.

희년과 관련된 율법의 마지막 범주는 종의 구속과 연관된다(레 25:35-55). 이 단락에서 시민법은 계약을 맺고 종으로 일하는 이스라엘 사람을 희년에 놓아주어야 한다고 명시한다(레 25:29-43, 45-47). 그러나 흥미롭게도, 외국인 종은 놓아줄 필요가 없었다(레 25:44-46). 필시, 하나님의 백성이 희년 규정에 따라 해방되는 것은 구원에서 약속된 영원한 쉼을 보여 주는 한 상징이었다. 다시 말해,

희년은 구속을 예표했으며, 외국인들이 희년에 풀려나지 못했듯 불신자들도 구속받지 못할 것이다.

유대 시민법에 나타나는 다양한 형태의 안식일에 사람과 토지와 가축은 쉼을 얻고 토지와 가옥은 원 소유주에게 돌아가며 이스라엘 종들은 해방된다.

방식과 정도는 서로 다르지만, 이들은 모두 쉼과 구속과 관련된 복음의 진리를 전하고자 하나님이 계획하신 사건들이다.

한 걸음 더

지금껏 살펴보았듯이, 구약에서 안식일과 관련된 시민법은 일차적으로 경제적 성격을 띤다. 안식일과 관련된 시민법에 생산된 부의 재분배, 소득 평등, 자원(예를 들어, 가축, 물질적 부, 곡물을 비롯한 수확물, 연장 등)의 평등화 등이 포함되지 않았다는 점에 주목하는 것이 중요하다. 희년에 가옥과 토지는 가난한 자들에게 재분배되는 게 아니라 원 소유주에게 되돌아갔다. 이러한 율법들은 사유 재산을 폐지한 게 아니라 사유 재산의 원 배분을 보존하고 생산 수단을 재설정해 부를 창출할 기회를 회복시켰다. 이러한 기본 개념을 염두에 두고 부와 가난에 대해 좀 더 자세히 논의해 보겠다.

핵심 내용

- '안식일'(Sabbath)이란 용어의 주된 의미는 '일곱'이 아니라 '쉼'이다. 안식일이라는 용어는 휴식이라는 의미를 따라 명명된 것이지 그 반대가 아니다.
- 하나님은 창세기 2:1-3에서 하나님이 쉬셨기에 사람들도 안식일을 지켜야 한다고 말씀하신다. 이러한 관점에서 안식일 준수는 우리가 하나님의 형상으로 기능하는 한 가지 방식인 것이다.
- 안식일이 규정하는 쉼을 아무것도 하지 않는 것과 혼동해서는 안 된다. 안식일의 쉼은 무기력이나 게으름이 아니라 거룩과 예배와 연결된다.
- 안식일은 하나님이 약속하신 소망이 무엇인지(영생, 곧 영원한 안식), 그리고 우리가 어떻게 구원받았는지 (예수님을 믿음으로써, 즉 예수님 안에서 안식함으로써) 실제적으로 상기시킨다.
- 안식일 원리는 구약의 숱한 시민법으로, 특히 물질

을 관리하는 청지기직 및 경제와 관련된 율법으로 구현되었다.

묻고 답하기

- 쉼이 중요한 이유는 무엇인가? 쉼을 소홀히 여긴 적이 있는가? 그 결과는 어떠했는가?
- 안식일 준수와 관련해 그리스도께서 가져오신 변화는 무엇인가? 안식일 준수 원리는 구약과 신약에서 어떤 점에서 다른가?
- 쉼을 갖고 있는가? 안식일의 관점에서 당신이 쉬는 방식을 어떻게 개선할 수 있겠는가?

4. 부와 가난

지금까지 우리는 일과 쉼에 대해 살펴보면서 일과 쉼이 경제, 청지기직, 물질 세계에서 사는 삶 등의 주제와 어떻게 연관되는지 생각해 보았다. 이제 물질적 부와 가난이라는 주제로 돌아가겠다. 앞선 두 장에서 우리는 일과 쉼을 훈련하다 보면 부가 따라오고 일이나 쉼을 소홀히 하다 보면 가난해질 때가 많다는 점을 생각해 보았다. 이제 이 주제를 본격적으로 살피기 위해, 먼저 부에 대해 고민해 보고, 나눔과 관련된 여러 이슈를 살펴보며, 뒤이어 가난에 대해서도 톺아보겠다.

성경과 부

앞서 말했듯, 부에 대해 어떤 관점으로 접근하는지 주의를 기울여야 한다. 우리는 부를 부정한 이득이나 개인적 안전의 근원이나 하나님의 은총의 증거로 봄으로써 잘못 규정하기 쉽다. 성경은 이렇게 물질적 소유를 보는 극단적 시각을 지지하지 않는다. 성경은 수단과 동기 같은 다른 요소를 배제한 채 부 자체를 정죄하지도 않고 칭송하지도 않기 때문이다. 실제로, 하나님은 우리가 얼마나 큰 부를 소유하느냐보다 그 부를 어떻게 획득하고 관리하느냐에 관심을 두신다.

성경은 우리가 하나님을 모든 복의 근원으로 올바르게 인정하는 한 하나님은 우리의 물질적 번영을 기뻐하신다고 가르친다(신 28:11-13과 약 1:17을 보라). 그러나 성경은 또한 신자들에게 부의 소유를 경고한다. 많이 소유한 자들은 부와 관련된 죄에 빠지기 쉽기 때문이다. 예수님은 씨 뿌리는 비유에서 이 주제와 관련해 가르치면서 어떤 사람들은 "세상의 염려와 재물의 유혹에 말씀이 막혀 결실하지 못"한다고 하셨다(마 13:22). 부의 잣대가 상대적이기에 예수님이 이 비유에서 하시는 경고에 주목해야 한다.

부자들이 특히 조심해야 하는 범주의 죄가 있다. 가난한 자들을 냉정하거나 죄악된 방식으로 대하려는 유혹이다. 예를 들면, 예수님이 들려주신 나사로와 부자 이야기에서 보듯이 부자는 종종 가난한 사람을 무시한다. 거지 나사로는 헌데투성이로 부자의 "대문 앞에 버려진 채 그 부자의 상에서 떨어지는 것으로 배불리려" 했다(눅 16:20-21). 그러나 분명하게도, 부자는 나사로를 못 본 체했다(또는 적어도 도와주지 않았다). 사실, 부자가 자선을 베풀지 않은 것은 그의 영적 상태, 곧 그가 죽어 음부에 떨어질 것을 드러내는 징후였다.

자신의 이름이 붙은 서신에서 야고보는 이 부자의 죄와 비슷한 두 가지 죄를 언급한다. 그것은 바로 교회에서 가난한 자들을 소외시키는 것과 법정에서 가난한 자들을 압제하는 것이다(약 2:1-9을 보라). 가난한 자들은 부자들만큼 사회적 힘을 갖고 있지 않으며, 따라서 부자들은 가난한 자들을 무시하고 죄악된 방식으로 대하기 쉽다. 이렇게 하더라도 실제적 결과로 이어지는 경우가 드물기 때문이다. 구약 율법에서 금하고 있는 부와 관련된 죄로 부도덕한 대부 행위가 있다. 이러한 행위에는 가난한 자들에게 고리로 돈을 빌려준 후 채무자의 생산 수단과 자기 보호 수단을 압류하는 악행이 포함되었다(신 23:19-20, 24:12-13).

또한 부자들은 둘째 범주의 죄, 즉 하나님이 아닌 자신의 부를 신뢰하는 죄를 범하기 쉽다. 시편 52:7에서 다윗은 하나님의 백성에게 경고한다. "이 사람은 하나님을 자기 힘으로 삼지 아니하고 오직 자기 재물의 풍부함을 의지하며 자기의 악으로 스스로 든든하게 하던 자라." 실제로 부는 사치스럽게 방종하며 살라고 사람들을 유혹하는 경향이 있다(약 5:5을 보라). 아이러니하게도 지나친 충족은 전반적인 불만족으로 이어지기 일쑤다. 전도서 기자는 이러한 현상을 이렇게 말했다. "은을 사랑하는 자는 은으로 만족하지 못하고 풍요를 사랑하는 자는 소득으로 만족하지 아니하나니"(전 5:10). 궁극적으로 자신의 부를 안전의 근원으로 신뢰하는 자들은 결국 바리새인들처럼 영적 진리를 거부하고 회개하지 못한 채 영적 파멸을 맞는다(눅 16:14-15과 딤전 6:9-10을 보라).

부와 나눔

부와 관련된 성경의 경고는 주로 부를 부도덕하게 움켜쥐거나 쓰는 행위와 연결된다. 방금 인용한 훈계들을 이렇게 요약할 수 있다. 당신의 소유를 도움이 필요한 사람들에게 나누고 자신을 위해 부도덕하게 쓰지 말라. 우리의 타락한 본성과 부를 우상화하는 경향에 비춰볼 때, 이러한 경고는 참으로 유익하다. 하지만 이것을 실제로 적용하기 위해 몇 가지 중요한 질문을 던지지 않을 수 없다. 나눔의 적절한 방식은 무엇인가? 누구에게 나눠야 하는가? 얼마나 나눠야 하는가? 이런 질문에 답을 찾기 위해 우선 십일조에 주목해 보겠다. 십일조는 성경에 가장 자주 언급되는 나눔 행위이기 때문이다.

'십일조'(tithe)에 해당하는 히브리어는 문자적으로 '10분의 1'(tenth)을 의미하며 구약성경에서 41회 사용된다(32회는 명사로, 9회는 동사로 사용된다). 구약성경에서 십일조는 하나님이 규정하신 경제 체제의 한 부분이었으며, 이 경제 체제는 더 큰 신정(하나님 중심의) 체제의 한 부분이었다. 구약에서 십일조가 문맥상 유대 시민법과 관련되지 않은 곳에서 언급된 경우는 두 차례뿐이다(창 14:20,

28:22). 하나님이 정하신 통치 체제에서 십일조는 사회가 경제적으로 건강하게 기능하기 위해 꼭 필요했으며, 따라서 모든 이스라엘 사람이 십일조를 드려야 했다. 현대 사회에서 구약의 십일조와 가장 비슷한 제도는 재산세나 소득세일 것이다.

놀랍게도, 성경의 역사서는 십일조를 기쁜 특권으로 묘사한다. 예를 들면, 역대하 31:5-6은 이렇게 기록한다.

> (드리라는) 왕의 명령이 내리자 곧 이스라엘 자손이 곡식과 포도주와 기름과 꿀과 밭의 모든 소산의 첫 열매들을 풍성히 드렸고 또 모든 것의 십일조를 많이 가져왔으며 유다 여러 성읍에 사는 이스라엘과 유다 자손들도 소와 양의 십일조를 가져왔고 또 그들의 하나님 여호와께 구별하여 드릴 성물의 십일조를 가져왔으며 그것을 쌓아 여러 더미를 이루었는데 (느 12:44과 13:12도 보라).

그러나 예언서에서 십일조는 부담으로 묘사되는데, 백성들이 십일조를 소홀히 했던 게 분명하다. 아모스 선지자를 통해 하나님은 유대인들의 우상숭배를 지적하시면서 냉소적인 어조로 너희 죄에 탐닉하라고 청하신다. "너희는 벧엘에 가서 범죄하며 길갈에 가서 죄를 더하며 아침마다 너희 희생을, 삼일마다 너희 십일조를 드리며"(암 4:4). 말라기의 유명한 본문에서 이들은 하나님의 십일조를 도둑질했다며 질타를 받는다(말 3:8-10).

현대의 많은 신자가 묻는다. "신약의 그리스도인들이 구약의 십일조를 따라야 하나요?" 어떤 사람들은 십일조를 찬성하면서 십일조는 계산이 간단하고 (성경에 나온다는 의미에서) 성경적이며 지역 교회에 보다 헌신하게 하고 교회 운영을 위한 예산 확보에 도움이 된다고 설명한다. 어떤 사람들은 십일조를 반대하면서 십일조가 논란의 여지가 많은 성경 해석에 의존하고 있다고 말한다. 다시 말해 구약의 시민법을 현대의 정황에 적용하고 있다는 것이다. 이들은 십일조가 실행될 때 율법주의를 조장하는 경향이 있으며 소득이 다른 사람들 사이에서 부당하게 적용될 수 있고 교회사에서 대다수 그리스도인들 사이에서 가르치거나 실행된 적이 없다고 말한다. 십일조를 오늘날에도 적용할 수 있을지 생각하려면 이 주제를 구약에 나오는 그대로 살펴야 한다.

구약의 십일조

구약에서 십일조 개념이 유대 시민법과 관련된 문맥이 아닌 곳에서 언급되는 경우는 두 차례뿐이다. 성경에서 십일조가 최초로 언급되는 곳은 창세기 14:20이다. 여기서 아브람은 전리품의 십분의 일을 살렘 왕 멜기세덱에게 준다. 맥락을 잠시 살펴보자면, 가나안 여러 왕 사이에 전쟁이 일어난 가운데 아브람의 조카 롯이 포로로 잡히자 아브람이 그를 구해 낸다. 이 십일조는 승리한 전투에서 하나님이 하신 역할을 인정하면서 그분께 감사와 찬양을 드리는 자발적 행위였던 것으로 보인다. 아브람이 전리품의 십분의 일을 드렸다는 데 주목하라. 자신의 재산이 아니라 다른 사람들의 재산에서 십분의 일을 드렸다. 이 십일조는 하나님이 명하신 게 아니었으며 성경에서 아브람 역시 이런 십일조를 되풀이하지 않았다. 그러므로 이 단락은 현대의 맥락에 직접 적용하기 어렵다.

구약에서 십일조가 시민법과 무관하게 언급되는 둘째 본문은 창세기 28:22이다. 여기서 야곱은 하나님이 자신의 생명을 지켜주고 물질의 복을 주시면 늘어난 소유의 십분의 일을 드리겠다고 약속한다. 맥락을 잠시 살펴보자면, 야곱은 에서를 피해 어머니 리브가의 친정이 있는 하란으로 달아나고 있었다. 아브람 이야기와 마찬가지로, 야곱의 예도 현대 신자들에게 적용하기 어렵다. 이번에도 하나님이 십일조를 정하신 게 아니었다. 다만 야곱이 자신의 인생에서 한치 앞을 내다볼 수 없을 때 하나님을 상대로 거래하려고 내민 카드로 보인다. 그러니까 야곱은 낯선 땅으로 도망치면서 하나님의 은총을 손에 넣으려 했던 것이다. 20년쯤 지나 약속의 땅에 돌아와서 제단을 쌓을 때 십일조를 드렸을 수도 있지만(창 33:18-20) 야곱이 이 맹세를 지켰다는 기록이 없다는 점도 주목할 만하다.

두 단락을 제외하면, 구약에서 십일조는 늘 시민법이나 시민법과 관련된 역사 이야기나 시민법을 지키라고 독려하는 예언에서 언급된다. 이와 관련된 본문을 통해 유대 시민법에 세 가지 종류의 십일조가 있었음을 알 수 있다.

- 구약에서 자주 언급되는 제1의 십일조는 레위인을 위한 십일조다(다음을 보라. 레 27:30-33, 민 18:21-32, 느

10:37-38). 이 십일조는 때로 첫 열매 십일조라 불리며, 매년 드리는 십일조로 레위인들에게 돌아갔다. 레위인들은 토지가 없어 곡물을 생산하거나 가축을 기르거나 달리 생계를 유지하고 가족을 부양할 수단이 없었기 때문이다. 이 십일조는 본질적으로 레위인들이 제사장으로 봉사하는 데 대한 보상이었다. 율법은 제사장들이 레위인을 위한 십일조의 10퍼센트를 대제사장에게 주어야 한다고 구체적으로 명시했다. 따라서 (대제사장을 제외하고) 이 십일조를 면제받는 사람은 없었다. 레위인을 위한 십일조와 관련해 흥미로운 규정이 있었다. 백성은 자기 몫의 십일조가 갖는 가치의 120퍼센트를 제사장들에게 줌으로써 십일조를 구속할 권리가 있었다(레 27:31을 보라).

- 시민법에 구체적으로 명시된 둘째 십일조는 절기를 위한 십일조이며, 때로 단순하게 제2의 십일조라고도 한다(신 12:6-7, 11-12, 14:22-27). 출애굽기 23:14-17이 구체적으로 명시하듯이, 이 십일조는 매년 따로 떼어두었다가 성전에서 열리는 세 절기 행사에

참여하러 예배자들이 예루살렘에 갈 때 여행 경비와 체류 경비로 사용해야 했다. 더욱이 율법은 먼 거리를 이동해야 할 경우 토지의 산물과 가축을 팔아 그 돈을 예루살렘에 가져가선 예배자들이 절기에 참여하는 비용으로 쓸 수 있다고 말한다. 레위인을 위한 십일조의 경우처럼, 백성은 레위인들이 절기를 지킬 때 필요한 것을 채우는 데 십일조의 일부를 사용해야 했다.

- 시민법에 명시된 제3의 십일조는 구제를 위한 십일조다. 이것은 가난한 자를 위한 십일조라고도 한다 (신 14:28-29과 26:12을 보라). 성경은 신명기 14:28-29에서 이 십일조를 이렇게 규정한다.

> 매 삼 년 끝에 그 해 소산의 십분의 일을 다 내어 네 성읍에 저축하여 너희 중에 분깃이나 기업이 없는 레위인과 네 성중에 거류하는 객과 및 고아와 과부들이 와서 먹고 배부르게 하라.

율법은 이 구제 십일조가 게으른 자들을 위한 게 아

니라 정말 가난한 자들, 실제 가난으로 인해 목숨이 위태로운 사람들을 위한 것임을 분명히 한다.

세 십일조에 따르면, 이스라엘 백성이 매년 드리는 십일조는 적게는 수입의 20퍼센트에서 많게는 30퍼센트에 이르렀던 것으로 보인다. 실제 비율은 3년마다 드리는 구제 십일조에 따라 달랐다. 주목할 만하게도, 안식년에(3장을 보라) 이스라엘 백성은 그 어떤 십일조도 드리지 않았을 것이다. 안식년에는 추수도, 첫 열매도 없었을 터였기 때문이다. 따라서 7년 주기 동안 이스라엘 백성은 다음 패턴대로 드렸을 것이다: 20퍼센트, 20퍼센트, 30퍼센트, 20퍼센트, 20퍼센트, 30퍼센트, 0퍼센트. 평균을 내면, 7년 주기 동안 매년 20퍼센트를 십일조로 드린 셈이다.

구약의 시민법이 규정하는 십일조를 오늘날 우리의 정황에 적용할 수 있을까? 성경적이려면 십일조의 비율과 적용 둘 다 정확히 이해해야 한다. 그러나 현대에는 신정(神政) 체제가 없을 뿐더러 십일조로 레위 제사장을 부양하고 유대 의식법을 지키는 데 필요한 개인적 비용을 충당하는 경우도 없기 때문에 구약의 십일조를 현대에 적용하기란 불가능할 것이다. 그리고 십일조가 성전 운영이나 회당 건축 같은 일에 사용되지 않았다는 사실을 염두에 두어야 한다. 이런 비용은 별도의 성전세로 충당했다(다음을 보라. 출 30:11-16, 대하 24:6-10, 느 10:32). 그러므로 우리에게는 우리의 상황에서 부를 적절하게 나누는 것과 관련해 처음에 던졌던 질문들이 남는다. 다행스럽게도 신약에는 이와 관련해 우리가 참고할 예가 있다.

신약의 십일조

구약에서 십일조가 많이 언급되는 반면 신약에서는 요한도, 바울도, 베드로도 십일조를 언급하지 않는다. 사실, 십일조 개념은 신약에서 단 세 차례 언급될 뿐 아니라 그때마다 해당 문맥에서 가장자리에 위치한다.

신약에서 십일조가 처음 언급되는 곳은 마태복음 23:23이다. 예수님은 서기관들과 바리새인들의 위선과 율법주의를 지적하시다가 십일조를 언급하신다(마 23:1-36을 보라). 마태복음 23:23에서 예수님은 이렇게 말씀하신다. "화 있을진저 외식하는 서기관들과 바리새인들이여 너희가 박하와 회향과 근채의 십일조는 드리되 율법의 더 중한 바 정의와 긍휼과 믿음은 버렸도다 그러나 이것도 행하고 저것도 버리지 말아야 할지니라." 신약에서 예수님이 친히 십일조를 언급하시는 구절이긴 하지만, 십일조에 대한 훌륭한 예로 보긴 어렵다. 그리스도께서 종교 지도자들이 율법을 율법주의적으로 지키고 있음을 지적하다 언급하신 경우이기 때문이다.

신약에서 십일조가 두 번째로 언급되는 곳은 누가복음 18:11-12인데, 예수님이 들려주시는 바리새인과 세리의 비유에서 십일조가 언급된다. 여기서 예수님은 바리새인과 세리가 성전에 기도하러 갔다고 하신다. 율법주의적인 바리새인은 이렇게 기도했다. "하나님이여 나는 다른 사람들 곧 토색, 불의, 간음을 하는 자들과 같지 아니하고 이 세리와도 같지 아니함을 감사하나이다 나는 이레에 두 번씩 금식하고 또 소득의 십일조를 드리나이다"(눅 18:11-12). 마태복음 23:23처럼 이 구절 역시 신약 시대에 드려야 할 헌금의 본보기를 제시하는 게 아니다. 예수님이 이 비유의 의미를 설명하시는 장면에서 보듯 바리새인은 자신의 기도나 십일조로 의롭다 하심을 받지 못했다. "무릇 자기를 높이는 자는 낮아지고 자기를 낮추는 자는 높아지리라"(눅 18:14).

신약에서 십일조가 세 번째이자 마지막으로 언급되는 곳은 히브리서 7:1-10이다. 여기서 히브리서 저자는 구약의 살렘 왕 멜기세덱을 논한다(이 장 앞부분에서 언급했던 그 인물이다). 히브리서 저자는 이 단락에서 창세기 14:18-24을 되새겨 보는데, 거기서 아브람은 전투에서 승리하고 안전하게 돌아오는 길에 전리품의 십분의 일을 멜기세덱에게 주었다. 그러므로 히브리서 단락은 십일조 행위가 포함된 이전 기사를 다시 말하고 있을 뿐이며, 그리스도의 제사장직이 레위인들의 제사장직보다 우월하다는 주요 논제와 비교해 지엽적인 이야기일 뿐이다. 십일조에 관한 복음서의 두 언급처럼, 여기에도 우리에게 적용할 수 있는 게 거의 없다.

신약 시대의 헌금

신약의 지지를 거의 받지 못하므로, 구약의 십일조 법을 우리의 정황에 적용하기란 어렵다. 사실 신약을 살펴보면 알 수 있듯, 신약은 신자의 헌금 및 나눔과 관련해 공식적인 방식이나 정해진 비율을 규정하지는 않는다.

그러나 신약은 청지기직과 헌금과 관련해 안내자 역할을 할 본보기와 원리를 여럿 제시한다. 신약에 제시된 원리를 제대로 이해한다면 많은 그리스도인이 하나님나라 사역을 위해 10퍼센트보다 훨씬 많이 드리게 될 것이다.

신약에서 나눔을 다루는 아주 중요한 두 본문이 고린도 교회에 바울이 보낸 서신에 나온다. 고린도전서 16:1-2에서 바울은 이렇게 썼다. "성도를 위하는 연보에 관하여는 내가 갈라디아 교회들에게 명한 것 같이 너희도 그렇게 하라 매주 첫날에 너희 각 사람이 수입에 따라 모아 두어서 내가 갈 때에 연보를 하지 않게 하라." 너무 길어 전체를 인용할 수는 없지만, 둘째 본문은 고린도후서 8-9장 전체다(꼭 읽어보라). 고린도전서 16:2을 기준으로 삼고 고린도후서 8-9장을 참고하면서 바울의 교훈으로부터 헌금의 다섯 가지 원리를 도출할 수 있다.

<u>첫째, 정기적으로 드려야 한다.</u>

바울은 고린도 교회에 "매주 첫날에"라고 썼다(고전 16:2). 앞장에서 살펴보았듯, 초기 교회는 매주 일요일에 모였으며, 이를 뒷받침하는 증거가 성경에 많이 나온다

(다음을 보라. 요 20:26, 행 20:7, 히 4:9-10, 계 1:10). 그래서 바울은 연보에 관해 가르치기 시작하면서 고린도 신자들이 매주 첫날에 모일 때 드려야 한다고 말한다. 이렇게 드리면 돈이 필요할 때 모자라지 않을 터였다(고후 8:10-14과 9:3-5을 보라). 물론 우리의 상황에서 매주 급여를 받는 신자들이 많지 않다. 그러나 설령 우리가 격주로, 또는 매달 급여를 받더라도, 여전히 정기적으로 드릴 수 있다.

<u>둘째, 개인적으로 드려야 한다.</u>

바울은 뒤이어 "너희 각 사람이"라고 말한다(고전 16:2). 모든 그리스도인은 하나님께 드려야 한다. 후한 헌금은 예수 그리스도 안에서, 그리고 예수 그리스도를 통해 하나님이 주신 은혜에 개인이 보이는 반응이기 때문이다(고후 8:1-2, 9, 9:15을 보라). 하나님은 자신의 외아들을 주셨다. 죄를 대속해 우리를 자신과 화해시키며, 회개하고 예수님을 믿는 자들에게 영생을 주기 위해서다. 우리가 그리스도를 믿음으로써 영원히 부요해지도록 그리스도께서 이 땅에 오셨다(고후 8:9). 하나님이 우리에게 베푸신 은혜야말로 우리가 그분께 헌신하는 동기여야 한다. 예

수님은 선한 사마리아인의 비유에서 바로 이것을 호소하셨다. 그리고 후한 헌금 안에 하나님을 향한 우리의 사랑이 가시적으로 표현된다.

<u>셋째, 계획적으로 드려야 한다.</u>

바울은 "모아 두어서"라고 했다(고전 16:2). 여기서 바울은 충분히 생각하고 계획한 후 드리라고 요구한다. 바울이 가슴 아린 이야기를 들려줌으로써 감정적으로 요청하지 않는다는 데 주목하라. 그는 죄책감에 호소하지 않을 뿐더러 들쑥날쑥한 금액을 산발적이고 즉흥적으로 바치는 것도 지지하지 않는다. 고린도후서에서도 계획적으로 드리라고 가르치면서 바울은 자원하는 마음으로 하고(고후 8:12) 약속한 연보에 대해 미리 준비하라고 말한다(고후 9:5).

<u>넷째, 수입에 맞게 드려야 한다.</u>

바울은 권면을 계속하면서 각 신자가 "수입에 따라" 드려야 한다고 말한다(고전 16:2). 나중에 고린도후서 8:3에서 바울은 "힘대로" 드리라며 신자들을 독려한다. 바꾸

어 말하면, 각 사람은 자기 소유에 따라 드려야 했다. 많이 가진 사람은 적게 가진 사람보다 많이 드릴 수 있었다. 고린도후서 8:12에서 바울은 준비되고 자원하는 마음으로 드리는 게 중요하다고 가르친다. "할 마음만 있으면 있는 대로 받으실 터이요 없는 것은 받지 아니하시리라." 바울은 신자들이 마지못해 의무감에 드리지 않고 수입에 맞게, 기꺼이, 즐겁게 드리길 바란다(고후 9:7을 보라). 물론 복음을 알고 땅의 소유보다 하나님을 더 사랑할 때만 이렇게 드릴 수 있다.

다섯째, 후하게 드려야 한다.

바울은 권면을 이렇게 마무리한다. "내가 갈 때에 연보를 하지 않게 하라"(고전 16:2). 후한 헌금은 영적 성숙과 진실한 사랑의 표징이다. 여기서 바울은 고린도 교회에게 형제들의 물질적 필요를 채우기 위해 드림으로써 형제를 향한 진실한 사랑을 보여 주라고 촉구한다. 고린도후서 8:7-8에서 바울은 고린도 교회에게 믿음과 말과 지식에서 풍성하듯이 나눔의 은혜에서도 풍성하라고 촉구한다. 하나님을 진정으로 사랑하고 그리스도인으로서 성장하다 보면 자연스레 나누고픈 마음이 생기게 된다. 그리스도께 헌신된 사람은 하나님과 그분의 백성에게 후해질 수밖에 없으며, (항상은 아니더라도) 자주 구약의 십일조 규정이 요구하는 것보다 훨씬 많이 자원해 드리게 될 것이다.

공동체적 나눔

신약에 나오는 나눔의 사례 가운데 자주 인용되는 본문이 또 하나 있다. 사도행전에 나오는 초기 기독교 회심자들이 일종의 자발적 공유를 실천한 본문이다. 사도행전 2:44-45은 이렇게 말한다.

믿는 사람이 다 함께 있어 모든 물건을 서로 통용하고 또 재산과 소유를 팔아 각 사람의 필요를 따라 나눠 주며.

사도행전 4:32-35에는 좀 더 자세히 나온다.

믿는 무리가 한마음과 한 뜻이 되어 모든 물건을 서로 통용하고 자기 재물을 조금이라도 자기 것이라 하는 이가 하나도 없더라 사도들이 큰 권능으로 주 예수의 부활을 증언하니 무리가 큰 은혜를 받아 그 중에 가난한 사람이 없으니 이는 밭과 집 있는 자는 팔아 그 판 것의 값을 가져다가 사도들의 발 앞에 두매 그들이 각 사람의 필요를 따라 나누어 줌이라.

우리 시대의 어떤 신자들은 초기 교회가 실천했던 이러한 공동의 소유 모델을 그리스도인들이 따라야 한다고 주장한다. 이 공동의 소유 모델이 신자들을 향한 하나님의 공급에 대한 성경의 이상을 반영하고(시 37:25-26을 보라) 궁핍한 자들에게 꾸어주는 데 대한 성경의 원리를 구현한다는 것이다(신 15:7-8과 눅 6:34을 보라). 그러나 초기 교회가 실천한 공동의 소유 사례는 현대 그리스도인들이 실행할 수 있는 모델이 아니며, 여기에는 몇 가지 이유가 있다.

첫째, 사도행전에서 공동의 소유 개념이 등장하는 문맥을 살펴보면 알 수 있듯, 이는 처음 교회가 시작될 무렵 예루살렘에 외국인 회심자가 많아 일어난 긴급구호 활동이었다. 누가는 오순절에 "신도의 수가 삼천이나 더하더라 … 주께서 구원받는 사람을 날마다 더하게 하시니라"고 기록한다(행 2:41, 47). 이 새내기 회심자들 중 다수는 예루살렘에 며칠만 머물면서 유대 절기를 지킬 계획이었을 뿐, 더 오래 머물 계획은 없었을 것이다. 그렇다 보니, 예루살렘에 머물며 사도들의 가르침을 받고 싶어 하는 사람들 사이에 물질적 필요가 많았을 것이다.

둘째, 사도행전의 사건들이 규범적 가르침이 아니라 내러티브 기사라는 데 주목해야 한다. 물론 성경에 나오는 이야기와 예시를 무시해선 안 된다. 하지만 한 가지 예가 성경에서 단 한 차례 제시될 뿐 다른 본문에서 인정되거나 되풀이되지 않는다면, 또는 성경의 다른 예나 규범과 충돌한다면, 해당 내러티브에서 교리·도덕적 결론을 도출하는 데 신중해야 한다. 실제로 성경에는 죄악된 사건을 기술하는 내러티브도 많다. 성경의 규범적 가르침에 비추어 이들을 평가해 보면 알 수 있다. 사도행전의 공동 소유 내러티브 역시 이와 동일한 방식으로 평가해야 하며, 그런 후에야 이 사건을 오늘에도 적용할 수 있을지 결론 내릴 수 있다.

셋째, 성경학자들은 사도행전 내러티브에 사용된 헬라

어 동사들의 시제가 영구적이거나 완료된 행동을 나타내지 않는다고 말한다. 오히려 진행 중이거나 완료되지 않은 행동을 가리킨다는 것이다. NIV는 사도행전 4:34-35을 다음과 같이 번역하면서 이러한 진리를 분명하게 전달한다. "'때때로' 밭과 집 있는 자는 팔아 그 판 것의 값을 가져다가 사도들의 발 앞에 두매." 바꾸어 말하면, 초기 그리스도인들이 각자 가진 물질적 자원을 즉시 모두 팔아 그 돈을 한 데 모은 게 아니었다. 오히려 오늘날에도 자주 그렇게 하듯, 교회 안에 필요가 생길 때 물질적 자원을 가진 사람들이 "때때로" 그 필요를 채웠다.

넷째, 성경이 이 내러티브와는 다른 가르침과 경제적 본보기를 제시한다는 사실을 기억해야 한다. 예를 들면, 달란트 비유에서 예수님은 종마다 달란트를 다르게 배정하신다(마 25:14-30). 바울은 교회를 섬길 때 동료 신자들에게 후원을 받기보다 자유롭게 일해 자신의 물질적 필요를 채웠으며(살후 3:7-9), 가난한 자들에게 자유롭게 주라고 교회에 지시했는데 모든 신자가 재산을 처분해 공동으로 소유했다면 이럴 필요가 없을 터였다(고후 9:7도 보라). 베드로는 땅과 돈 문제로 아나니아를 질책하면서 그리스도인들은 자신의 재산을 팔 의무가 없다고 분명하게 가르쳤다(행 5:4).

그러므로 요약하면 사도행전에 나오는 공동 소유 사례는 그리스도인들이 물질적 소유를 처분하고 완전한 경제적 평등을 추구해야 한다는 명령이 아니다. 사도행전 4:32은 "자기 재물을 조금이라도 자기 것이라 하는 이가 하나도 없더라"고 말한다. "누구의 재물이든 모두의 것이라고 모든 사람이 말했다"고 하지 않는다. 실제로, 그리스도인들이 경제적으로 평등해야 한다는 개념은 물질적 자원을 향한 편협하고 제로섬적인 관점에 근거한다. 즉, 경제는 성장할 수 없다는 관점에 근거하는 것이다. 그러나 이는 노동의 의무와 생산성을 무시한다(2장에서 다룬 일에 관한 논의를 되짚어 보라). 하나님이 개개인을 서로 다른 은사와 달란트와 능력을 가진 존재로 창조하신 세상에서 물질적 소유의 정도가 각자 다르리라 예상하는 게 마땅하다. 그러므로 초기 교회가 실천한 공동의 소유는 경제적 평등에 대한 예로 보기 어렵다. 오히려 가난한 자들의 필요를 채우기 위해 경제적 정의를 실천한 예로 보아야 한다.

성경과 가난

기독교 전통은 언제나 가난한 자들과 연대해 왔다. 야고보는 자신의 독자들에게 가난한 자들을 돌보는 삶이야말로 참 신앙인의 표징임을 일깨운다(약 1:27). 이와 비슷하게, 요한은 가난한 자들을 돌보지 않는 삶이 거듭나지 못한 마음의 표징일 거라 기록하면서 수사학적 질문을 던진다. "누가 이 세상의 재물을 가지고 형제의 궁핍함을 보고도 도와 줄 마음을 닫으면 하나님의 사랑이 어찌 그 속에 거하겠느냐"(요일 3:17). 실제로 그리스도의 제자들은 가난한 자들을 돌보는 부분에서 높은 수준의 기대를 받는다. 예수님은 가난한 자들을 돌보는 것이 하나님을 돌보는 것과 같으며(마 25:31-40) 가난한 자들을 홀대하는 것이 곧 하나님께 범죄하는 것이라 가르치신다(마 25:41-46). 잠언도 같은 진리를 가르친다. "가난한 사람을 학대하는 자는 그를 지으신 이를 멸시하는 자요 … 가난한 자를 불쌍히 여기는 것은 여호와께 꾸어 드리는 것이니"(잠 14:31, 19:17).

1장에서 말했듯 가난한 자들을 섬기는 것은 매우 힘든 일이다. 가난의 척도가 상대적이며 가난의 이유가 다양하기 때문이다. 심지어 성경도 가난을 논할 때 몇몇 부분에서 역설적이다. 예를 들면, 하나님이 말씀하신 이상은 "가난한 자가 없"어지는 것이다(신 15:4). 그러나 앞서 살펴보았듯이, 예수님은 자원해서 가난하게 사셨으며 "가난한 자는 복이 있나니"라고 가르치셨다(눅 6:20). 이러한 긴장은 우리가 성경에 충실한 방식으로 가난한 자들을 섬기려 할 때 무엇보다 맥락과 관련된 질문에 답해야 한다는 점을 강조한다. 눈앞에 보이는 가난은 자발적인가 아니면 비자발적인가? 문제의 가난은 개인의 죄에서 비롯된 결과인가 아니면 다른 이유 때문인가? 긴급한 도움이 필요한 상황인가 아니면 장기적 개발이 필요한 상황인가?

가난의 원인

빈민 사역을 향한 기본적인 관점을 얻으려면 우선 가난의 원인을 살펴야 한다. 실제로 주어진 상황에서 가난의 원인(들)을 찾아내면 그들을 가장 잘 섬길 방법을 찾을 수 있다. 곧 알겠지만, 가난의 뿌리는 대개 세 범주로 구분된다. 그러나 현실 속에서 가난의 원인은 대개 복합적이며 스스로 악화된다는 데 유의해야 한다. 이로 인해 빈민 사역은 복잡해지기 일쑤이며, 사역자들이 개인적이고 장기적으로 헌신하게 만든다.

가난의 첫째 원인은 개인의 죄다. 성경은 도덕적 실패가 가난으로 이어지는 경우를 자주 언급한다. 예를 들면, 성경은 게으름이나 나태가 초래하는 가난을 경고한다(다음을 보라. 잠언 6:10-11, 10:4, 19:15, 살전 5:14). 마찬가지로, 잠언은 빈약한 노동관의 결과를 경고하며(잠 14:23을 보라), 바울은 일하려 하지 않는 자들이 자신들의 죄가 초래한 결과를 면하게 해서는 안 된다고 가르친다. 일하려 하지 않는 자들은 먹지도 말아야 한다는 것이다(살후 3:10).

성경은 이 외에도 여러 도덕적 실패를 가난의 원인으로 제시한다. 이를 테면, 무절제, 완고함, 술 취함, 음식을 탐함 등이다(잠 13:18과 23:21을 보라). 예수님은 탕자의 비유에서 이러한 죄를 지적하시며 방탕한 동생이 어떻게 가난해졌는지 설명하셨다(눅 15:11-16). 가난은 그 외에 탐욕, 사치, 부정직, 불성실함 등을 포함해 여러 개인적인 죄에서 비롯될 수 있다. 예를 들면, 잠언은 이렇게 경고한다. "연락을 좋아하는 자는 가난하게 되고 술과 기름을 좋아하는 자는 부하게 되지 못하느니라 … 자기의 토지를 경작하는 자는 먹을 것이 많으려니와 방탕을 따르는 자는 궁핍함이 많으리라"(잠 21:17, 28:19, 딤전 6:9-10도 보라).

가난의 둘째 원인은 자연 악이다. 간단히 정의하면, 자연 악은 자연 재해(지진, 토네이도, 쓰나미, 홍수, 가뭄, 그 외에 '하나님의 일'), 질병, 유전 질환, 상해, 죽음 등을 포함한다. 자연 악은 스스로의 행위나 다른 사람이 가한 행위가 직접 원인이 아니다. 오히려 이러한 유형의 악은 타락한 창조 질서의 일부이며, 따라서 인간이 통제할 수 없는 물질적 힘을 포함한다. 자연 악이 물질적 재화의 손실, 부양자의 죽음, 또는 누군가의 노동과 생산을 막는 질병이나 장애를 일으킬 때 이는 가난으로 이어질 수 있다(막 5:25-26과 눅 18:35을 보라).

가난의 셋째 원인은 타인의 억압이다. 자연 악과 달리, 이러한 유형의 가난은 막을 수 있다. 성경은 타인을 억압하지 말라고 자주 경고한다. 가난을 부르는 억압을 예로 들자면 일반적 도둑질(시 12:5), 임금 체불(레 19:13, 신 24:15, 딤전 5:18), 과도한 세금(대하 10:1-19), 편향된 사법체계(레 19:15), 가난한 자들에게 부과하는 과도한 이자율 등이 있다(출 22:25-27). 이러한 유형의 억압 중 대다수가 점차 조직화되거나 제도화된다. 따라서 이들은 개별적 죄보다 더 많은 사람에게 영향을 미치는 경향이 있다. 주님이 이러한 방식으로 억압받는 자들을 보호하겠다고 약속하시고 우리에게도 그같이 보호하라고 권면하신 것도 이러한 이유 때문이다(시 146:9, 사 1:17).

가난한 자들을 위한 사역

우리가 사는 타락한 세상에는 가난이 만연하며 가난의 원인도 다양하다. 그렇다면 어떻게 해야 가난한 자들을 가장 잘 섬길 수 있을까? 물론, 이러한 폭넓은 질문에 포괄적인 답을 내놓기란 어렵다. 또한 가난의 사례가 저마다 달라 개별적으로 다뤄야 할 때에는 더더욱 그렇다. 그러나 어떤 맥락의 가난에서든 따를 수 있는 일반 원리들이 있으며, 이 원리들을 따르다 보면 성경에 충실하고 개별적인 해결책을 향해 나아갈 수 있을 것이다.

첫째, 도움이 필요한 상황인지 개발이 필요한 상황인지 분별해야 한다. 도움에 기반한 모델의 경우, 긴급한 물질적 필요에 비추어 자원을 무차별적으로 분배한다. 이러한 유형의 도움은 위급한 의료 상황이나 자연 재해, 또는 예상치 못한 사고가 가난을 초래했을 때 자주 볼 수 있다. 예를 들면, 허리케인이 휩쓸고 간 뒤 피해자들에게 임시 거처를 마련해 주거나 누군가 입원했을 때 그 가족에게 음식을 마련해 주는 일 등이 이러한 도움에 포함된다. 이러한 긴급 상황에서 도움에 기반한 구호 모델은 가난을 해결하거나 막는 데 도움이 된다. 앞서 살펴본 것처럼 사도행전에 등장하는 공동 소유가 바로 이러한 유형의 도움이다.

그러나 도움에 기반한 가난 구제 모델은 제대로 운영되지 못할 경우 문제를 일으킬 수 있으며 심지어는 장기적 가난을 초래할 수 있다. 어떤 경우, 무분별하게 오래 도와주다 보면, 수혜자들이 도움에 의존한 나머지 스스로 일해 자신의 필요를 채우려는 노력을 포기할 수 있다. 도움에 기반한 가난 구제 모델은 죄를 조장하는 문제로 이어질 수 있다. 자신의 죄 때문에 가난해진 사람들을 돕다 보면, 이들이 자신의 죄가 초래하는 결과를 모면하게 하고 이를 통해 자연스레 회개할 동기를 빼앗을 수도 있다. 도움에 기반한 가난 구제 모델의 마지막 문제는 이 모델로 인해 역사적으로 구호단체의 수가 늘어났다는 데 있다. 물론 구호단체가 많아진 것 자체는 문제가 아니다. 문제는 가난이 지속되느냐 완화되느냐에 따라 소위 '빈곤 산업'에 뛰어든 단체들의 이익이 충돌한다는 데 있다. 물론, 그렇다고 해서 모든 (또는 어떤) 구호 단체들이 악하다는 게 아니다. 도움에 기반한 가난 구제 모델을 잘못 적용하면 특정 구호 단체들과 가난한 자들이 서로 의존하는 상황에 처한다는 말이다.

이 경우, 대안적 개발 모델이 훨씬 효과적일 수 있다. 이 패러다임에서 우리는 가난을 해결하기 위해 장기적으로 생산성을 늘리는 방식을 활용할 수 있다. 이러한 접근 방식이 비상 상황에서는 적절하지 않지만 개인적 죄나 억압이 가난의 원인일 때는 가장 훌륭한 행동 방침이다. 예를 들면, 가난한 지역민들에게 직업훈련을 시킨다든가 새로운 사업의 시장 진입을 막는 악법을 개정하려 노력한다든가 소수 집단이 법의 도움을 받을 수 있게 한다든가 미전도된 지역으로 가서 (이들을 제자삼고 장기적으로 책임지면서) 개개인이 스스로 가난해지게 만든 죄를 극복하도록 돕는 것 등이 이러한 개발 구호 모델에 포함된다.

개발 모델로 전환함으로써, 우리는 일과 생산 사이의 연결고리를 강화하고 보호하려 한다. 그러나 이를 위해서는 도움에 기반한 구호 모델의 경우보다 장기적인 헌신과 개인적 교류가 필요하다. 그렇기에 대부분의 경우 이러한 노력을 기울이고 지속하기가 더 어렵다. 의심할 여지없이 단기적 개입이 필요할 때가 있다. 그렇지만 가난한 사람들이 스스로 가난에서 벗어나 생산하도록 돕는 쪽이 더 어렵다 하더라도 영향력은 더 강하다. 실제로, 가난한 사람들을 섬기는 사역의 성공을 가늠하는 잣대는 그들에게 얼마나 많이 나누었느냐가 아니라 얼마나 많은 사람이 가난을 극복하고 다시 가난에 빠지지 않게 도왔느냐가 되어야 한다.

우리의 동기가 순전하지 않을 때 개발 모델에 임하기 어렵다. 요한복음 12:6-8에는 예수님이 가룟 유다를 꾸짖으시는 장면이 나온다. 유다는 마리아가 예수님에게 부은 나드 향유를 팔아 그 돈을 가난한 자들에게 주었어야 마땅하다고 말했다. 사실 유다의 관심은 가난한 자들이 아니라 자신에게 있었다. 그는 돈 주머니를 맡았으며 그 돈을 자신을 위해 썼다. 가난한 자들을 도우면서 이익이나 영광을 구하는 사람은 굳이 개발 구호를 하는 가시밭길을 걷지 않을 것이다.

둘째, 가난한 사람들을 섬길 때 분별력이 있어야 한다. 우리보다 앞선 세대에서는 가난한 사람들의 특징뿐 아니라 가난의 원인(들)을 분별해야 함을 일깨우려 '구제 가치가 있는 빈민'(deserving poor)과 '구제 가치가 없는 빈민'(undeserving poor)이란 용어를 만들었다. 자연 악이나 압제 때문에 가난해진 사람들이 있다. 이들을 만나면 당연히 구제 가치가 있는 빈민으로 여기고 자원을 공급해 가난을 덜어주려 노력해야 한다. 그러나 개인의 죄 때문에 가난해진 사람들이 있다. 이들의 경우, 회개하고 개발 모델의 구호에 참여하려 할 때만 도와야 한다. 가난의 뿌리 및 특징을 분별하기 쉽지 않더라도 가난한 자들을 섬길 때에는 분별력을 발휘해야 한다.

셋째, 가난한 자들을 돌볼 때 도덕적 근접성 개념을 고려해야 한다. 도덕적 근접성은 때로 근접 의무의 원리라 불린다. 이 개념에 의하면 가난은 그 상황에 가장 근접한 사람들이 다루는 게 가장 좋다. 특정 상황과 사람들에 대해서는 가장 근접한 개인이나 집단이 가장 잘 알 것이다. 이 개념의 그림자를 성경에서 볼 수 있다. 성경은 우리의 가족을 돌보고(딤전 5:4, 8), 우리의 자손을 돌보며(잠 13:22), 교회 구성원들을 돌보고(롬 12:13), 공동체 구성원들을 돌보며(갈 6:10), 온 세상을 돌보라고 우리를 독려한다(마 28:19-20). 이러한 순서로 가난을 다룰 때 우리의 노력은 가장 큰 효과를 얻을 것이다.

사회 정의

사회 정의 개념을 간략히 살펴보고 가난에 대한 논의를 마무리하겠다. 가난에 대한 논의는 흔히 사회 정의에 대한 논의로 이어지기 때문이다. 오늘날 그리스도인들은 사회 정의를 세우는 데 점점 더 많은 관심을 기울인다. 정의를 성경적으로 규정하기만 한다면 이러한 현상은 칭찬할 만하다. 실제로 정의는 하나님의 성품에서 근본적 측면이며(신 10:17-18과 렘 9:24을 보라), 하나님은 자신을 따르는 자들에게 정의를 요구하신다(미 6:8). 성경은 정의를 법률과(신 16:18, 렘 21:12) 경제 문제에 적용하라고(레 19:36) 신자들에게 구체적으로 지시한다. 성경은 정의를 무시하거나 왜곡하는 자들을 가리켜 악인이라 말하며(잠 19:28,

눅 11:42), 사회 불의가 죄의 결과라고 가르친다.

그렇더라도 우리는 정의를 성경적으로 규정해야 한다. 세상 사람들과 일부 그리스도인들은 사회 정의와 물질적 자원의 균등을 동일시하는 오류를 범한다. 이미 말했듯이, 성경은 어떤 구체적인 물질적 상태를 선호하지 않을 뿐더러 모든 사람이 자원을 균등하게 가져야 한다고 주장하지도 않는다. 오히려 성경은 모든 사람을 객관적으로, 존엄하게 대하는 사회가 정의로운 사회라고 말한다 (다음을 보라. 레 19:15, 24:22, 사 1:17). 따라서 사회 정의의 목적은 개개인의 물질적 평등이나 결과의 획일성이 아니라 공정성을 달성하고 유지하는 것이다. 그러므로 그리스도인들이 사회 정의를 구할 때, 세 가지 목표에 초점을 맞춰야 한다. (1) 개개인을 하나님의 형상을 지닌 자로 보고 선입견 없이 평가하며, (2) 변하지 않는 하나님의 도덕법을 구현하는 시민법을 공정하게 적용하고, (3) 특히 법적 문제와 경제적 문제에서 결과가 행동에 비례하게 해야 한다.

한 걸음 더

이 장에서는 성경이 부와 가난에 관해 어떻게 가르치는지 살펴보았다. 다음 장에서는 창조 질서 자체를 좀 더 세밀하게 살펴봄으로써 물질 영역에 관한 연구를 마무리하겠다. 다음 장에서 보겠지만, 물질 세계는 단지 우리가 노동하고 쉬며 부와 가난을 경험하는 영역이 아니다. 참으로, 물질 세계는 우리의 현재와 미래의 집이다. 그러므로 우리는 청지기로서 물질 세계를 잘 관리해야 한다.

핵심 내용

- 하나님은 우리가 얼마나 많은 부를 소유하느냐보다 우리의 부를 어떻게 획득하고 관리하느냐에 관심을 두신다.
- 구약은 이스라엘에게 십일조라는 방법으로 드리라고 요구했다. 반면, 신약은 신자들의 헌금과 관련해 공식적인 방식이나 금액을 규정하지 않는다.
- 그리스도인들이 경제적으로 평등해야 한다는 생각은 궁극적으로 일할 의무와 노동의 생산성을 무시한다.

- 가난한 자들을 어떻게 섬기는 게 가장 좋을지 알려면 가난의 원인(들)을 찾아내는 게 필수다.
- 사회 정의의 목적은 개개인의 물질적 평등이나 결과의 획일성이 아니라 공정성을 달성하고 유지하는 것이다.

묻고 답하기

- 재물을 얻고 사용할 때 우리가 따라야 할 성경적 원리에는 어떤 것이 있을까?
- 돈이 부족해서 당혹스러웠던 적이 있는가? 돈이 너무 많아 죄책감을 느낀 적이 있는가? 예수님은 우리가 가진 돈의 액수에 대해 어떤 태도를 취하시는가?
- 당신은 예수님께 순종하기 위해 가난한 사람들을 돌보고 있는가? 어떤 방식으로 하고 있는가?

5. 피조 세계와 청지기직

지금까지 우리는 물질 세계에서 사는 삶과 관련된 여러 주제를 살펴보았다. 연구의 끝이 가까워진다. 이제 한발 물러나, 우리가 노동하고 쉬는 영역, 곧 피조 세계를 전체적으로 조망하려 한다. 이는 우리 자신이 상대적으로 부한 상태인지 가난한 상태인지 아는 데 도움을 줄 것이다. 예를 들어 광각 렌즈처럼 넓은 시야로 피조 세계를 본다면, 우리가 서로 어떻게 대해야 하는지, 피조 세계와 어떻게 상호작용해야 하는지, 물질 세계 안에서 물질 세계의 청지기로서 어떻게 하면 하나님을 가장 잘 섬길 수 있는지 같은 구체적인 부분에서 더 나은 시각을 깆는 데 도움을 얻을 것이다. 카메라 비유를 하나 더 사용하자면, 이 장에서는 숲의 나무들을 더 잘 이해할 수 있도록 숲을 스냅사진 찍듯 살펴보려 한다.

피조 세계 돌보기

그리스도인이 왜 피조 세계에 관심을 가져야 하는가? 어쨌거나 물질 세계는 어느 날 타버리지 않는가? 우리의 시민권이 하늘에 있는데 굳이 왜 땅에 관심을 가져야 하는가? 우리는 물질 세계를 연구할 때 이런 질문들을 던지고 또 답해야 한다. 1장에서는 물질 영역을 돌보는 삶과 관련된 몇 가지 질문을 다루었다. 그러나 조금 더 깊이 살펴본다면, 이 질문들에 보다 더 잘 답할 수 있을 뿐 아니라 물질 세계를 돌보고 공동 선을 추구하는 삶에 대한 성경적 시각을 발전시킬 수 있을 것이다.

첫째, 기독교는 일상과 단절된 철학이 아니라 모든 것을 아우르는 세계관이다. 따라서 기독교와 복음 메시지는 영혼 구원, 도덕 개혁, 물질 세계의 회복 등을 비롯해 우리 존재의 모든 부분에 영향을 미쳐야 한다. 이것이 바로 이 책의 기본 전제다. 사도행전 3:21에 나오는 베드로의 표현을 빌리자면 그리스도께서 다시 오실 때에야 최종적으로 완전히 "만물을 회복하실" 것이다. 하지만 그때까지 우리는 언젠가 회복될 모습을 기대하며 타락한 세상과 상호작용해야 하는데, 성실한 청지기가 되려는 열망이 그 동기가 되어야 한다. 이것이 하나님의 형상을 지닌 우리가 하는 일(노동)의 일부다. 창세기 1-2장이 계시하듯이, 땅은 인간의 돌봄 없이 제대로 기능하도록 설계되지 않았다. 하나님은 사람에게 보살핌을 받도록 땅을 지으셨다.

둘째, 피조 세계는 우리가 살고 일하고 쉬는 곳이며, 하나님의 구속 활동이 펼쳐지는 곳이다. 그렇기에 우리는 피조 세계를 돌보는 일에 적극 관심을 가져야 한다. 이러한 관점에서 시편 기자는 이렇게 썼다. "여호와께서 행하시는 일들이 크시오니 이를 즐거워하는 자들이 다 기리는도다"(시 111:2). 성경에서 하나님의 백성들은 종종 물질 세계에 대해 이러한 관심을 드러냈다. 예를 들면, 열왕기상 4:33은 이렇게 말한다. "(솔로몬은) 레바논에 있는 백향목으로부터 벽에 붙어서 사는 우슬초에 이르기까지, 모든 초목을 놓고 논할 수 있었고, 짐승과 새와 기어

다니는 것과 물고기를 두고서도 가릴 것 없이 논할 수 있었다"(새번역). 이와 비슷하게 왕위에 있을 때 다윗은 이스라엘 전역의 숲과 농업을 관리하는 관리를 세웠다(대상 27:27-28). 경건한 웃시야 왕은 농사를 좋아했다고 한다(대하 26:10). 하나님의 피조 세계에 대한 이러한 관심이 하나님의 백성에게서 넘치게 드러나야 한다. 물질 세계에 관심을 보이지 않는 것은 매우 비성경적이다.

피조 세계를 돌볼 때 하나님에 대한 지식을 얻을 수 있다는 사실 역시 피조 세계를 돌보는 동기로 작용해야 한다. 실제로, 하나님은 창조의 맥락에서 우리에게 자신을 계시하기 시작하셨고(창 1-2장), 더 나아가 성경은 우리가 물질 세계를 통해 하나님을 알 수 있다고 증언한다(다음을 보라. 시 19:1-6, 104편, 롬 1:19-20). 바울은 이 지식이 "분명히 보여 알려질" 수 있다고 가르친다(롬 1:20). 하나님이 세상과 그 안에 있는 것들을 지으셨기 때문이다. 하나님이 하시는 모든 일은 그분의 성품을 투영하고 그분의 본질을 전달한다. 그러므로 피조 세계는 자신의 창조자를 필연적으로 계시한다. 더 구체적으로, 성경은 하나님이 물질 세계에서 하신 일을 통해 자기 백성에게 하나님 자신을 계시하신 예를 제시한다. 가장 좋은 예는 욥이 자신의 고난에 관해 던지는 질문에 하나님이 답하시는 장면이겠다. 이 대화에서 하나님은 자신의 창조성을 세세하게 들려주신다(욥 38:1-41:34을 보라).

마지막으로, 우리가 성경적 방식으로 피조 세계를 돌본다면 이를 통해 복음의 메시지가 입증되고 드러날 것이다. 예수님이 행하신 모든 이적이 죄로 더럽혀진 피조 세계에 대한 복음의 승리를 전달했듯이, 우리가 물질 세계를 돌볼 때 동일한 메시지가 전달될 수 있다. 비록 덜 강력하고 덜 포괄적인 방식으로 전달되더라도 말이다. 예수님은 병자들을 고치셨다. 우리는 병자들을 돌볼 수 있다. 예수님은 음식을 창조하셨다. 우리는 음식을 준비해 나눠줄 수 있다. 예수님은 폭풍을 잠잠하게 하셨다. 우리는 청지기로서 환경을 돌볼 수 있다. 더욱이 그리스도인의 삶 속 다른 모든 측면과 함께, 타락한 물질 세계에 복음으로 다가가는 우리의 행동은 기독교를 폄하하는 많은 사람에게 답이 될 것이며, 지켜보는 세상에게 매력적으로 다가갈 것이다.

세계관과 피조 세계

어떤 문화든 다양한 세계관이 서로 경쟁하고 있기에 기독교 세계관을 기르기 쉽지 않을 수 있다. 신자들은 다양한 세계관에 혼란스러울 수 있으며, 다양한 세계관은 물질 세계에 대한 일관되지 못한 시각으로 이어질 수 있다. 그러나 모든 세계관은 물질 세계에 대한 시각뿐 아니라 우리가 피조 세계와 어떻게 상호작용해야 하는지 규정하는 도덕적 틀을 포함한다. 우리가 만나는 문화는 수많은 종교와 철학과 이데올로기로 구성된다. 그러나 단순화하기 위해 현대 문화 속 세 가지 주요 세계관에 초점을 맞추겠다. 우리는 각 세계관이 하나님과 사람과 피조 세계를 어떻게 바라보는지 살펴볼 것이다. 또한 피조 세계를 돌보고 청지기직을 수행하는 성경적 방법을 구축하면서 기독교 관점에서 각 세계관을 평가해 보겠다.

유물론

유물론은 현대 서구문화에서 가장 널리 퍼진 세계관으로서 세속적 인본주의라고도 불린다. 이 세계관은 무신론자, 불가지론자, 이름뿐인 숱한 그리스도인 등을 비롯해 형식적인 종교를 믿지 않는 사람들에게서 볼 수 있다. 유물론의 신관은 아주 단순하다. 하나님은 적어도 만질 수 있는 방식으로는 존재하지 않는다는 것이다. 하나님의 존재를 믿는 세속적 인본주의자들은 하나님이 완전히 초월적인 존재라고 주장할 것이다. 하나님은 피조 세계와 동떨어져 존재하며, 한마디로 부재지주와 같다는 것이다. 따라서 책임이라는 관점에서 보면, 세속적 인본주의자들에게 물질 세계와 도덕적으로 상호작용한다는 것은 얼토당토않다.

유물론적 인간관은 유물론적 신관의 필연적 결과다. 간단히 말해, 세속적 인본주의는 진화나 설계 등을 내세우며 인간이 우주의 주인이라 단언한다. 더욱이 세속적 인본주의는 그 중심에 인간에 대한 더없는 확신, 인간이 교육과 기술을 통해 세상의 문제들을 해결할 수 있다는 확신이 자리한다. 이는 1973년 인본주의자 선언문 II(1973 Humanist Manifesto II)에서 분명히 확인할 수 있다.

우리는 기술을 지혜롭게 사용해 우리의 환경을 제어할 수 있고, 가난을 정복할 수 있으며, 질병을 현저히 줄일 수 있고, 수명을 연장할 수 있으며, 우리의 행동을 의미심장하게 수정할 수 있고, 인간 진화와 문화 발전의 경로를 바꿀 수 있으며, 방대한 새 에너지들의 잠금장치를 열 수 있고, 전에 없이 풍성하고 의미 있는 삶을 성취할 기회를 인류에게 줄 수 있다.

물론, 인본주의자 선언문 II가 나온 이후 수십 년 동안의 역사를 보면, 인류의 잠재력에 대한 낙관주의에 어떤 결론을 내려야 할지 알 수 있을 것이다.

세속적 인본주의는 물질 세계가 기계적이고 영원하다(또는 적어도 선재하는 영원한 물질로부터 진화했다)고 본다. 유물론자들은 이 세상이 고정된 자연법칙에 따라 움직인다고 여긴다. 그들은 하나님이 물질 세계에 개입하지 않으신다고 이해한다. 이는 하나님이 존재하지 않거나, 개입할 능력이나 지식이 없거나, 전혀 관심이 없기 때문이라는 것이다. 세속적 인본주의는 인간이 아름답다고 규정할 때에야 자연이 인정받을 수 있다고 여긴다. 뿐만 아니라 인간의 필요를 채운다는 점 외에 피조 세계에 내재된 가치가 전혀 없다고 가르친다. 이러한 시각은 물질 세계가 물질로부터(ex materia) 형성되었다고 본다는 면에서 인간중심적이다. 세속적 인본주의에서 물질 세계를 적절히 이용했느냐, 오용했느냐를 가늠하는 잣대는 자기 이익과 자기 보존밖에 없다. 결과적으로 일과 쉼과 부와 가난 등에 대한 유물론적 시각은 실용주의와 공리주의적 경향을 가질 수밖에 없다.

기독교의 시각에서 보면, 세속적 인본주의의 시각에는 문제가 많다. 무엇보다 세속적 인본주의자들은 하나님에 대해 잘못된 관점을 갖고 있다. 그들은 하나님의 존재를 부정하거나 그분의 초월성을 지나치게 강조한다. 하나님의 능력을 부정하는 유물론적 세계관에서 비어 있는 하나님의 역할을 인간이 맡는다. 그러나 역사적으로 인간이 하나님의 권위를 맡는 것은 문제투성이로 드러났다. 인간은 유물론적 세계관이 부여한 주권을 감당할 능력이 없어 보인다. 이 세계관 안에서 자연 세계는 하나님의 권위 아래 적절하게 관리되는 환경이 아니라 인간이 소비해야 하는 자원으로 전락한다. 따라서 세속적 인본주의는 인간의 존엄과 피조 세계의 고유 가치를 빼앗아 인간에게도 충족감을 주지 못하고 창조 질서 역시 파괴한다.

범신론

현대 문화에서 인기 있는 둘째 세계관은 범신론이다. 주로 힌두교, 불교, 도교, 뉴에이지 운동을 비롯해 숱한 동양 종교 신봉자들이 이 세계관을 지지한다. 이 종교 체제들 간에 미묘한 차이가 많겠지만, 신에 대해서라면 이들은 하나의 믿음을 갖고 있다. 바로 하나님이 내재적이지만 비인격적인 존재라는 믿음이다. 달리 말해, 범신론은 "만물은 하나다" 또는 "만물이 하나님이다"로 요약할 수 있다. 이 세계관은 우주에 오직 한 실체만 존재하며, 이것이 하나님이라고 주장한다. 그러므로 모든 것이 하나님에게서 말미암는다. 그러나 범신론의 하나님은 인격적으로 알 수 없다.

범신론의 인간관은 범신론의 신관을 보완한다. 쉽게 예상할 수 있듯, "만물은 하나"라는 사고와 맞물려 범신론의 인간관은 인간을 나머지 피조 세계와 동일한 존재로 이해한다. 범신론은 인간을 신으로 이해한다. 그러나 인간이라고 해서 나머지 물질 세계보다 더 신적이지는 않다. 피조 세계 전체가 신성을 가졌기에, 범신론은 인간이 자연 세계를 지배해서도, 관리해서도 안 된다고 가르친다. 이렇게 하는 것은 제국주의적일 터이기 때문이다. 오히려 이 세계관은 인간과 피조 세계는 돌봄이나 지도가 필요한 형제자매처럼 서로 섬겨야 한다고 주장한다. 인간은 자연과 조화를 이루려 노력하면서 이른바 '생물학적 평등주의', 곧 인간과 물질 세계의 평등을 위해 싸워야 한다.

더 나아가 범신론은 물질 세계가 신성하며 하나님과 하나라고 (따라서 인간과도 하나라고) 이해한다. 이는 피조 세계에 대한 생명 중심적 시각으로, 물질 세계가 하나님에게서(ex deo) 창조되었다고 가르친다. 흔히, 범신론자들은 물질 세계에 인간의 특징을 부여하면서 물질 세계를 살아있는 유기체로 칭한다. 예를 들면, 이들은 세상을 일컬어 '어머니 지구'(Mother Earth), 환경파괴를 지구 '강간', 인간과 야생동물을 '형제자매'라 부르며, 인간과 야생동물이 동일한 '생명 순환'의 일부라 여긴다. 이러한 용어가 현대 대중 매체뿐 아니라 물질 세계에 관한 일상 대화에서 흔히 사용된다는 사실에서 범신론이 문화에 미치는 영향을 확인할 수 있다.

기독교의 시각에서 보면, 범신론에는 문제가 많다. 무

엇보다 하나님의 내재성을 지나치게 강조하는 반면 그분의 인격성은 최소화한 탓에 범신론은 창조자와 피조물을 혼동한다. 사실, 범신론이 말하는 하나님은 전혀 하나님일 수 없다. 적어도 기독교에서 말하는 하나님과는 거리가 멀다. 피조 세계는 언제든지 파괴될 수 있기에 범신론의 하나님은 의존적일 것이다. 그와 동시에, 이 세계관은 인간을 물질 세계와 동등하게 여김으로써 인간의 존엄성을 부정하고 가치를 떨어뜨린다. 더욱이 역사를 통해 알 수 있듯 이 세계관은 궁극적으로 자기 파괴적이다. 하나님이 인격적으로 존재하지 않고 인간에게 내재된 가치가 없다면 사람들이 하나님을 예배하거나 서로 존중하거나 피조 세계를 돌볼 이유가 없기 때문이다.

기독교 유신론

현대 문화의 마지막 세계관이자 이 책의 토대를 이루는 세계관은 기독교 유신론이다. 기독교 유신론은 하나님이 물질 세계를 창조하셨고 물질 세계와 별개로 존재하신다는 의미에서 초월적이지만(행 17:24-25을 보라) 신자들 안에 거하시며 끊임없이 피조 세계를 지탱하시고 주권적으로 다스리신다는 의미에서 내재적이라고 가르친다(계 4:11을 보라). 기독교 유신론은 하나님이 피조 세계와 동일하지 않지만(범신론과 반대) 그럼에도 물질 세계 전체에 깊은 관심을 두시고 물질 세계 전체에 권위를 행사하신다고 주장한다(세속적 인본주의와 반대). 이런 의미에서 기독교 유신론은 하나님의 내재성과 초월성이 균형을 이루며 그분에게 인격적 본성이 있다고 단언한다.

앞에서 논의했듯 기독교 유신론은 인간이 하나님의 형상으로 지음 받았다고 가르친다. 인간은 역사의 중심이 아니다(엡 1:10). 그런데도 성경은 인간이 하나님의 창조의 면류관이며 하나님이 인간을 "하나님보다 조금 못하게 하시고 영화와 존귀로 관을 씌우셨나이다"라고 증언한다(시 8:5). 앞서 살펴보았듯 사람이 하나님의 형상으로 기능하는 한 방법은 피조 세계를 다스리고 이 세계를 하나님의 형상을 지닌 존재로 채우기 위해 생육하는 것이다. 하나님은 우리에게 이러한 일(노동)을 기대하시며, 이러한 일은 궁극적으로 청지기직의 문제다.

기독교 유신론은 물질 세계가 무로부터(ex nihilo) 창조되었으며 하나님에게 의존한다고 가르친다. 따라서 기독교 유신론이 갖고 있는 피조 세계에 대한 시각은 하나님을 중심으로 한다. 이 세계관은 하나님이 자신의 영광을 위해 물질 세계를 지으셨고(골 1:16을 보라) 피조 세계는 창조자를 증언하며 드러낸다고 가르친다(시 19:1-4을 보라). 더욱이 기독교 유신론은 인간이 돌봐야 할 물질 세계가 인간의 죄 때문에 저주받아 힘들어한다고 가르친다. 그러나 바울이 썼듯 어느 날 "피조물도 썩어짐의 종노릇 한 데서 해방되어 하나님의 자녀들의 영광의 자유에 이르"게 될 것이다(롬 8:21). 그리스도께서 다시 오실 때, 하늘과 땅은 새로워지고 하나님과 사람은 영원히 조화롭게 함께 살 것이다.

창조와 타락

물질 세계를 더 잘 이해하기 원한다면, 창조와 타락을 비롯해 인간이 물질 세계에서 청지기로서 수행해야 할 역할에 관한 성경의 가르침을 더 세밀하게 들여다보아야 한다. 실제로 창조 기사의 많은 부분이 청지기로서의 인간의 역할을 다룬다. 3장에서 이 부분을 간략하게 살펴보았지만, 피조 세계 및 청지기직과 관련해 더 자세히 생각해 보자.

하나님이 지으신 세상은 좋았다. 실제로 "좋았더라"는 창세기 1장에 기록된 창조 주간 내내 되울리는 선언이다. 이미 살펴보았듯이 하나님은 사람을 지어 자신이 만드신 좋은 세상에 두셨다. 인간은 청지기로서 물질 세계를 다스려야 한다. 이것은 하나님이 인간을 창조하고 언급하신 유일한 목적이다. 이러한 사실은 우리가 피조 세계의 청지기라는 사실이 존재의 근본 목적임을 알려 준다(창 1:26을 보라). 하나님은 아담과 하와를 창조하신 후, 이들을 향해 물질 세계를 다스리며 생육하라고 명하셨다. 아담이 에덴동산을 가꾸고, 동물의 이름을 지어주며, 훗날 하와와 함께 자손을 낳는 장면에서(창 4-5장) 우리는 이러한 의무가 수행되는 것을 볼 수 있다. 창조 이야기에서 주목할 만한 게 더 있다. 하나님이 아담과 하와에게는 식물을 먹도록 허용하시고, 나중에 인류에게는 고기를 먹도록 허용하셨다는 사실이다(창 1:29-30, 2:9, 9:3). 이러한 사실은 인간이 물질 세계 안에 있으면서도 물질 세계 위에 있음을 보여 준다.

인간의 타락은 궁극적으로 하나님의 권위를 거부하고

하나님의 자리를 찬탈하려는 시도와 연결된다. 다른 모든 죄와 함께 에덴동산에서 하나님을 거부하는 어리석은 행동은 하나님의 심판을 초래했다. 그러나 하나님이 죄를 지은 인간에게 내리신 심판은 걷잡을 수 없이 폭발한 진노가 아니라 정의에 대한 의로운 선포였으며, 여기에는 물질 세계가 더는 본래의 창조 계획대로 원활하게 작동하지 않으리라는 선언이 포함되었다. 타락에 대한 형벌로 인해 사람들은 피조 세계를 죄악된 방식으로 다루게 되고, 하나님이 맡기신 청지기 역할을 수행하고 생육하는 면에서도 불순종하게 될 터였다. 더 구체적으로 말해 죄를 지은 인간을 심판하면서 하나님은 인간이 자기 죄를 좇고 노동은 헛수고가 되며 출산은 고통스러워지고 경작은 힘들어지게 허용하셨다.

타락이 피조 세계에 실제로 미친 영향은 성경 전체에서 거듭 인용된다. 예를 들어, 사람은 육체적 죽음을 맞고(창 2:17), 동물은 사람을 두려워하며(창 9:2), 땅은 가시덤불과 엉겅퀴를 내고(창 3:18), 출산에 고통이 따르며(창 3:16), 가뭄이 들고(레 26:18-20), 기근이 닥치고(왕상 8:37-40), 육체가 병들며(레 26:12), 좀이 먹고 녹이 슬어 못쓰

게 되며(마 6:19), 홍수가 나고(창 7:1-8:19), 역병이 돈다(레 26:25). 시편 기자의 말을 빌려 말하자면, 인간의 죄와 피조 세계에 내린 저주 때문에 물질 세계는 "옷같이 낡을" 것이다(시 102:26). 한 마디로 말해, 이렇게 피조 세계가 썩음으로써 인간은 하나님 없는 삶을 경험하는데, 이는 인간이 타락할 때 스스로 선택한 길이다. 그러나 소망이 남아 있다. 사람들이 회개하고 하나님께 돌아오리라는 것이다(롬 8:20을 보라).

구속과 회복

하나님은 물질 세계를 저주하셨으나 여전히 이 세계를 감독하면서 필요한 것을 공급하신다. 예를 들어, 성경은 다음과 같이 가르친다. 하나님은 땅에, 심지어 아무도 살지 않는 곳에도 비를 내리신다(욥 38:26). 하나님은 모든 별의 이름을 아신다(시 147:4). 하나님은 바람과 어둠을 창조하신다(암 4:13). 하나님은 비가 내리고, 구름이 생기고, 천둥이 치고, 얼음이 얼고, 눈이 내리게 하신다(욥 37:1-13). 하나님은 들판을 초록으로 입히신다(마 6:30). 하나님은 대양의 경계를 정하신다(시 104:9). 하나님은 공중의 새를 먹이신다(마 6:26). 하나님은 들짐승을 돌보신다(시 104:11). 하나님은 풀이 자라게 하신다(시 104:14). 타락한 인간은 계속해서 땅을 학대할 테지만(사 24:5) 땅을 완전히 파괴하지는 못할 것이다(벧전 3:7). 타락한 현재 상태에서도 하나님이 이 세상을 여전히 돌보시기 때문이다.

하나님은 타락한 인간의 물질적 필요도 계속해서 채워 주신다. 실제로 타락 후 하나님이 가장 먼저 취하신 행동 중 하나는 아담과 하와에게 옷을 지어 입히는 것이었다(창 3:21). 타락 후 하나님이 인간의 물질적 필요를 채워 주신 또 다른 예가 있다. 바로 출애굽 기간 동안 하나님이 이스라엘을 돌보신 사건이다. 이스라엘이 출애굽 기간 내내 죄를 짓고 배교했음에도 불구하고, 하나님은 자신의 백성에게 만나를 주시고(출 16:14-36) 물을 주시며(출 15:25, 17:1-7, 민 20:8-11) 심지어 고기까지 주심으로써(출 16:1-13, 민 11:31-32) 이들의 필요를 채워 주셨다. 더 나아가 복음서에서 예수님은 신자들에게 물질 세계에서 자신의 필요를 어떻게 채울지 걱정하지 말라고 하셨다.

그러므로 염려하여 이르기를 무엇을 먹을까 무엇을 마실까 무엇을 입을까 하지 말라 이는 다 이방인들이 구하는 것이라 너희 하늘 아버지께서 이 모든 것이 너희에게 있어야 할 줄을 아시느니라 그런즉 너희는 먼저 그의 나라와 그의 의를 구하라 그리하면 이 모든 것을 너희에게 더하시리라(마 6:31-33).

앞선 논의에서 여러 차례 말했듯이 이러한 하나님의 돌보심은 궁극적으로 만물에까지 미친다. 바울은 하나님의 계획과 복음의 효과에 관해 쓰면서 이렇게 가르쳤다. "때가 찬 경륜을 위하여 예정하신 것이니 하늘에 있는 것이나 땅에 있는 것이 다 그리스도 안에서 통일되게 하려 하심이라"(엡 1:9-10, 골 1:15-20도 보라). 참으로, 하나님의 구속 계획은 인간의 구원으로부터 온 피조 세계에서 죄의 영향력을 제거하는 것까지 포함한다. 성경은 그리스도께서 세상에 오신 것은 사람들을 세상으로부터 데려가기 위해서가 아니라 우리를 죄로부터 구해 이 세상에서 하나님을 영화롭게 하고 만물을 재창조할 수 있게 하기 위해서라고 가르친다. 만물을 재창조하는 프로젝트는 예수님이 다시 오실 때에야 하나님이 완전히, 영구석으로 성취하실 것이다. 복음의 영향은 결코 타락의 영향보다 덜 포괄적이지 않다.

성경은 이렇게 재창조된 물질 세계를 새 하늘과 새 땅이라 부르는데, 이 새 하늘과 새 땅은 모든 시대가 끝날 때 나타날 것이다(벧후 3:12-13과 계 21:1-22:5을 보라). 3장에서 살펴보았듯이, 이 본문에서 "새"(new)로 번역된 용어는 "존재 자체가 새로워진다"는 뜻이 아니라 "본성이 새로워진다"는 뜻이다. 따라서 어떤 의미에서 물질 세계의 재창조는 개인의 구원 과정과 유사하다. 신자가 새 생명을 얻지만 여전히 같은 사람이듯이, 물질 세계도 새로워질 테지만 처음부터 다시 창조되지는 않을 것이다. 앞서 베드로가 노아 홍수에 대해 암시한 것을 떠올려 보라. 노아의 홍수가 새 하늘과 새 땅의 전형으로 언급된 것은, 홍수가 세상의 궁극적인 멸망이 아닌 세상의 재창조로 이어졌기 때문이었다(벧후 3:1-7을 보라). 참으로 피조 세계를 소멸하는 것보다 회복하는 게 하나님을 더 영화롭게 한다. 예수님이 산상설교에서 신자들의 미래에 관해 주신 가르침은 이러한 맥락에 부합한다. "온유한 자는 복이 있나니 그들이 땅을 기업으로 받을 것임이요"(마 5:5, 시 37:11

도 보라).

성경에는 새 하늘과 새 땅에 관한 내용이 많지 않다. 그러나 생각해 볼 만한 내용이 여럿 있다. 예를 들어, 성경은 죄의 저주로부터 자유로워진 땅에 대해 묘사한다. 현재의 피조 세계는 "옷같이 낡을" 테지만 하나님이 "의복같이 바꾸실" 것이다(시 102:26, 사 55:12-13도 보라). 이러한 변화를 세세하게 살펴보면, 사막에 꽃이 피고(사 35:1-2, 6-7) 예루살렘 성전에서 물이 강처럼 흘러나와 사해로 흘러들어 사해를 회복시키며(겔 47:1-12) 새 포도주와 젖이 흐르고(욜 3:18, 암 9:13-15) 나무와 포도밭이 무성하며(사 65:21, 계 22:1-2) 곳곳에 보석이 있고(계 21:18-21) 짐승들도 온전해질 것이다(사 11:6-8, 65:21). 마지막으로, 사람은 피조 세계를 적절히 다스리며 하나님의 창조 계획을 성취하게 될 것이다(호 2:18).

한 걸음 더

물질 세계와 그 궁극적 운명에 대한 보다 폭넓은 시각을 갖게 되었으니 이제 우리는 피조 세계를 더 잘 관리할 수 있는 위치에 선 셈이다. 일하고 쉬며, 부와 가난을 경험하고, 하나님의 형상을 가진 동료들과 상호작용할 때, "이야기의 끝"을 아는 지식을 동기 삼아 복음이 우리 삶의 물질적 측면에까지 영향을 미치게 해야 한다. 베드로가 1세기 그리스도인들에게 했던 권면을 당신을 위한 권면으로 받아들여라. 주님이 물질 세계에 다시 오실 날이 가까웠으니 "너희가 어떠한 사람이 되어야 마땅하냐 거룩한 행실과 경건함으로 하나님의 날이 임하기를 바라보고 간절히 사모하라"(벧후 3:11-12).

핵심 내용

- 신자들은 물질 세계를 돌봐야 한다. 복음은 결코 타락보다 덜 포괄적이지 않기 때문이다. 예수님의 통치는 만물을 회복시킨다.
- 기독교 유신론을 제외한 세계관들은 피조 세계를 파괴적으로 바라보고 어설프게 관리하게 했다.
- 사람처럼 피조 세계도 죄의 저주 아래 고통당하고 있지만 썩어짐의 종노릇에서 마침내 해방될 것이다.
- 피조 세계에 내린 저주는 하나님의 진노가 폭발한

게 아니다. 오히려 인간이 회개하길 바라는 마음으로 인간이 죄의 결과를 겪도록 허락하신 하나님의 사랑 표현이었다.
- 예수님이 오신 것은 마침내 사람들을 세상으로부터 데려가기 위해서가 아니라 우리를 죄로부터 구해내 우리가 이 세상에서 하나님을 영화롭게 하고 만물을 재창조할 수 있게 하기 위해서였다.

묻고 답하기

- 미래를 향한 관점은 바로 지금 물질 세계를 대하는 방식에 어떠한 영향을 미치는가?
- 당신의 세계관과는 다른 세계관에 물들까 두려워 피조 세계를 살피는 일을 기피한 적이 있는가?
- 당신이 피조 세계를 더 잘 돌볼 수 있는 방법은 무엇인가? 당신의 행동이 당신의 믿음과 보조를 맞추게 하려면 실제로 어떤 걸음을 내딛어야 하겠는가?

6. 결론

그동안 우리는 물질 세계와 관련된 다양한 주제를 다루면서 먼 길을 달려 여기까지 왔다. 이제 연구를 마무리하면서 예수님이 들려주신 두 비유를 좀 더 자세히 들여다보겠다. 각 비유는 우리가 탐구했던 기본 원리들을 담고 있다. 두 비유를 되짚어 보면서 지금껏 살펴본 내용을 정리하고 물질 세계에서 공동 선을 위해 살아갈 힘을 얻도록 하자.

달란트 비유

달란트 비유는 마태복음 25:14-30에 나온다. 본문이 니

무 길어 여기에 전부 인용할 수는 없지만, 예수님이 천국에서의 삶을 가리키고 계신 게 분명하다. "(천국은) … 과 같으니"라며 비유를 시작하시기 때문이다(마 25:14). 하지만 더 구체적으로 말해, 달란트 비유는 물질 세계 안에서 하나님 나라 일을 할 때 자원과 기회를 낭비하지 말라고 경고한다. 이 비유에 대해 잘 모르겠다면, 지금 시간을 내어 읽어 보라. 이 비유에서 우리는 물질 세계에서 살아가는 삶에 관한 세 가지 진리를 발견할 수 있다.

첫째, 모든 사람이 물질 세계에서 같은 양의 자원을 가지고 시작하지는 않으며, 이는 문제가 아니다. 예수님은 이 비유에서 종들에게 똑같은 양의 달란트를 할당하지 않으신다. 사실, 각 종들이 받는 달란트의 양은 차이가 크다. 한 종은 다섯 달란트를 받고, 다른 한 종은 두 달란트를 받으며, 나머지 한 종은 한 달란트만 받는다. 실제 삶에서 누구나 느끼겠지만, 물질 영역이 정확히 이와 같다. 우리가 인생을 시작할 때 받는 달란트와 우리가 살아가며 관리하게 되는 달란트는 우리의 능력과 개성, 가족과 친구, 시대와 나라를 비롯한 숱한 요인에 따라 다양하다. 그렇더라도 달란트 비유를 비롯해 성경의 그 어떤 본문도 달란트의 불균등한 분배 자체가 문제라거나 부당하다고 말하지 않는다.

둘째, 하나님은 관리해야 할 물질적 자원을 얼마나 많이 받았느냐와 상관없이 모두에게 같은 기준을 적용하신다. 예수님의 비유에서, 수고해서 다섯 달란트를 열 달란트로 불린 종뿐 아니라 수고해서 두 달란트를 네 달란트로 불린 종도 정확히 똑같은 칭찬을 받았다. "잘하였도다 착하고 충성된 종아 네가 적은 일에 충성하였으매 내가 많은 것을 네게 맡기리니 네 주인의 즐거움에 참여할지어다"(마 25:21, 23). 주인을 제대로 알지 못했던 종, 자신의 기회와 주인의 자원을 허비한 종이 질책받은 것은 애초에 한 달란트만 갖고 있었기 때문이 아니었다. 주인이 그를 꾸짖은 것은 그가 청지기로서 아무 노력도 하지 않았기 때문이었다. 우리는 누군가 우리보다 더 많거나 적게 소유하고 있음에 마음을 쓰기보다는 하나님이 우리에게 맡기신 것을 잘 관리하는 데 초점을 맞추어야 한다.

셋째, 각 종이 달란트를 관리하는 데 영향을 미친 요인은 주인에 대한 지식과 주인과의 관계였다. 첫째 종과 둘째 종은 청지기로서의 자기 역할을 이해했다. 주인이 돌아왔을 때 자신의 행동에 책임져야 한다는 것을 알았던 것이다. 사실, 이들은 주인이 돌아왔을 때 자신이 청지기 직을 어떻게 수행했는지 설명할 수 있어 행복했을 것이다. 마지막 종은 주인을 알지 못했던 게 분명하다. 그는 주인을 "굳은 사람"(마 25:24)이자 두려운 사람, 그리고 다른 사람들을 자주 부당하게 대하는 사람이라 믿었다. 집으로 돌아왔을 때, 주인은 자신에 대해 오해했다 하더라도 지금과는 달리 행동했어야 한다고 말한다. 하지만 주인의 실제 인품과 상관없이, 마지막 종은 "악하고 게으른 종"이었다(마 25:26). 우리도 마찬가지다. 하나님을 아는 지식이 성숙해질수록 물질 세계에서 바르게 행동하는 법을 배울 것이다.

선한 사마리아인의 비유

누가복음 10:29-37에서 예수님은 선한 사마리아인의 비유를 들려주신다. 자신이 의롭다고 생각하는 율법교사가 예수님을 찾아와 영생에 관해 캐묻는다(눅 10:25-28). 그러면서 그는 "내 이웃이 누구니이까"라고 묻는다(눅 10:29). 이 비유를 잘 모른다면 잠시 시간을 내어 읽어 보라. 이 비유에서, 몸에 상처를 입은 채 길가에 쓰러져 있는 유대인은 율법교사를, 사마리아인은 하나님을, 과분한 도움은 구원을 상징한다. 율법교사는 그리스도께 "내 이웃이 누구이니까"라고 물었고 예수님은 "누가 너에게 이웃이 되어주었느냐"라고 되물으셨다. 이 비유를 통해 구원은 행위가 아니라 오직 은혜로 얻는다는 것을 가르치신 것이다. 그러니까 예수님은 율법교사가 처음 구원에 관해서 던졌던 질문에 최종 해답을 제시하셨다.

일단 우리가 구원받으면, 이웃과 상호작용하는 우리의 삶이 선행으로 넘쳐나야 한다. 실제로, 예수님이 주기도문에서 하신 말씀에서 보듯이 하나님의 용서에 대한 깨달음은 우리 모든 행위에 영향을 미쳐야 한다(마 6:12-15, 마 5:9-15도 보라). 은혜는 우리의 모든 행동과 우리가 물질세계와 그 안에 있는 사람들과 나누는 상호작용에 동기로 작용해야 한다.

수고하며 소명을 행할 때마다 탐욕에 휘둘리지 말고 의식적으로 은혜를 의지해야 한다. 우리의 부를 관리하고 교회에 헌금할 때, 죄책감이 아니라 은혜가 동기로 작용해야 한다. 가난한 사람들과 상호작용할 때, 연민이 아니라 은혜에 이끌려야 한다. 피조 세계와 상호작용할 때, 죄가 피조 세계에 미치는 영향에 압도되지 말고 보존하시는 하나님의 은혜를 의식해야 한다. 예수님의 비유에 나오는 율법교사처럼, 우리는 자신의 행위를 의롭게 여기고 생각으로 자신을 속이며 자신은 자원이 풍족하다고 생각하기 쉽다. 그러나 우리의 초점을 자신에게서 옮기면, 십자가를 통해 가능해진 하나님의 공급하심과 은혜로만 우리가 물질 세계에서 공동 선을 위해 살 수 있음을 깨닫는다.

추천 도서 목록

이 책이 좀 더 쉽게 읽히도록 일부러 다른 책을 인용하지 않았다. 그러나 지난 여러 해 동안 나는 다음 책들을 읽으며 물질 세계와 관련된 생각을 정리할 수 있었다. 이 책에서 다룬 여러 주제를 더 깊이 탐구하고 싶은 독자들에게 다음 책을 추천한다.

Bradley, Anne R., and Arthur W. Lindsley, 편집. *For the Least of These: A Biblical Answer to Poverty*. Grand Rapids: Zondervan, 2015. 보수 신학자들과 경제학자들이 부의 창출과 가난의 경감에 관해 쓴 글을 모은 책이다. 관련 성경구절에 대한 해석부터 시장과 정의와 경제에 관한 논평까지 여러 주제를 다룬다.

Fikkert, Brian, and Steve Corbett. *When Helping Hurts:*

Alleviating Poverty without Hurting the Poor and Yourself. Chicago: Moody, 2009. 『헬프 : 상처를 주지 않고 도움을 주고받는 성경적인 방법』(국제제자훈련원). 가난 구호의 개발 모델과 관련한 훌륭한 책으로 널리 인정받는 책이다. 성경의 기본 가르침과 그 실제적 적용을 다룬다. 가난 구호의 모델부터 선교 사역까지 여러 주제가 포함되어 있다.

Grudem, Wayne. *Business for the Glory of God: The Bible's Teaching on the Moral Goodness of Business*. Wheaton, IL: Crossway, 2003. 『하나님을 영화롭게 하는 비즈니스』(도서출판CUP). 복음이 일터에 미치는 영향을 간략하게 설명하는 책이다. 성경적 일 신학을 통해 생산, 이윤, 임차, 임대를 비롯한 여러 주제를 다룬다.

Grudem, Wayne, and Barry Asmus. *The Poverty of Nations*. Wheaton, IL: Crossway, 2013. 여러 경제 체제와 이들이 부의 창출과 가난의 경감에 미치는 영향을 분석한 책이다. 자유 시장 원리와 성경의 경제적 가르침을 아주 철저히 변호한다.

Gwartney, James, Richard L. Stroup, and Dwight R. Lee.

Common Sense Economics: What Everyone Should Know about Wealth and Prosperity. New York: St. Martin's Press, 2005. 『상식의 경제학』(지식을만드는지식). 경제 체제의 기본 요소와 개념과 구성을 다루는 기본 입문서다. 종교나 경제적 신념과 상관없이 경제에 대한 배경 지식이 없는 사람들을 위해 재미있게 쓴 책이다.

Jones, David W., and Russell S. Woodbridge. *Health, Wealth & Happiness: Has the Prosperity Gospel Overshadowed the Gospel of Christ?* Grand Rapids: Kregel, 2011. 번영 복음에 대한 성경적·신학적 비판서다. 후반부에서 저자들은 고난과 부와 가난과 나눔에 관한 성경적 가르침을 제시한다.

Keller, Timothy J. *Ministries of Mercy: The Call of the Jericho Road*. Phillipsburg, NJ: P & R, 1997. 『여리고 가는 길』(비아토르). 전반부는 가난한 자들을 돌봐야 하는 그리스도인의 의무를 성경 신학적 관점에서 다룬다. 후반부는 교회를 비롯한 기독교 단체가 지역에서 구제 사역을 효과적으로 행하기 위해 밟을 수 있는 단계들로 구성된다.

Lupton, Robert D. *Toxic Charity: How Churches and*

Charities Hurt Those They Help, and How to Reverse It. New York: HarperOne, 2012. 기독교 관점에서 일반인들을 대상으로 쓴 책으로, 개발 모델이 필요한 상황에서 도움에 기초한 가난 구호 모델을 적용할 때 발생하는 다양한 위험을 살펴본다.

Nelson, Tom. *Work Matters: Connecting Sunday Worship to Monday Work*. Wheaton, IL: Crossway, 2011. 『주일 신앙이 평일로 이어질 때』(아바서원). 일과 생산의 신학을 다루는 재미있는 책이다. 노동과 소명 및 관련 주제를 다루는 최근 저서들 중에 가장 쉽게 접근할 수 있는 책이다.

Olasky, Marvin. *The Tragedy of American Compassion*. New York: Regnery, 2004. 미국 사회에서 가난 구호의 책임이 어떻게 교회에서 정부로 옮겨졌는지 역사를 토대로 연구한 고전적인 책이다. 암묵적으로, 지교회에 기초한 가난 완화책으로 돌아가야 한다고 주장한다.

Richards, Jay W. *Money, Greed, and God: Why Capitalism Is the Solution and Not the Problem*. New York: HarperOne, 2009. 『돈, 탐욕, 신』(따님). 기독교의 관점에서 일반인들을 대상으로 쓴 책으로, 자유 시장 자본주의와

관련된 여러 신화를 폭로하고 경제와 물질적 재화를 향한 유대-기독교의 시각을 제시한다.

Schneider, John R. *The Good of Affluence: Seeking God in a Culture of Wealth*. Grand Rapids: Eerdmans, 2002. 사회주의 관점을 택해 돈과 경제를 대하는 대중적 방식에 답해 쓴 책으로, 물질 세계에 내재된 선을 보여 주면서 성경에 기초해 자유 시장을 지향하는 청지기 관을 내세운다.

뜻이 땅에서 이룬 것같이

초판 1쇄 인쇄 | 2022년 12월 21일
초판 1쇄 발행 | 2022년 12월 26일

지은이 | 데이비드 W. 존스
옮긴이 | 전의우
펴낸이 | 신은철
펴낸곳 | 좋은씨앗
출판등록 제4-385호(1999. 12. 21)
주소 | (06753) 서울시 서초구 바우뫼로 156(양재동, 엠제이빌딩) 402호

페이스북 | www.facebook/goodseedbook
이메일 | good-seed21@daum.net

ISBN 978-89-5874-381-1 03230

Every Good Thing
: An Introduction to the Material World and the Common Good for Christians
Copyright ⓒ 2016 by David W. Jones
published by the permission of Lexham Press,
1313 Commercial St., Bellingham, WA 98225, U.S.A.
All rights reserved.
This Korean translation copyright ⓒ 2022 by GoodSeed Publishing, Seoul, Korea.

이 한국어판의 저작권은 Lexham Press와 독점 계약한 좋은씨앗에 있습니다. 신저작권법에 의하여 한국 내에서 보호를 받는 저작물이므로 무단전재 및 복제를 금합니다.